森永卓郎
森永康平

この国でそれでも生きていく人たちへ

講談社＋α新書
プラスアルファ

まえがき

森永康平

父・森永卓郎が二〇二五年一月二八日（火）に原発不明がんのため、自宅にて息を引き取った。父は二〇二三年一一月にがんの告知を受け、同時に余命宣告をされて以降、仕事をしながら闘病してきた。闘病中の精力的な情報発信はネットなどを通じて読者の方にも届いていたと信じている。父が亡くなってからマネージャーさんと話をしたが、余命宣告以降は仕事のペースはだいぶ落ちると考えていたら、むしろ仕事の数が増えたと驚いていた。マネージャーさんが管理していない執筆や講演なども考えれば、常人にはこなせないほどの仕事をしていたと思うが、それは残された時間が長くないことを理解していたからこそ、全力で生き抜き、そのまま命を燃やすという覚悟の表れだったのだろう。

父が亡くなってから、本当に多くの方からお悔やみや励ましのメッセージをいただいた。面識のある方だけでなく、ネットなどを通じて面識のない方から受け取ったメッセージを含めれば、大袈裟でもなく何千という数だった。「棺《かん》を蓋《おお》いて事定まる」という言葉があるが、生前は数々の論敵がいたものの、それらの方々からもお悔やみのメッセージをいただいたことや、前述の通り本当に多くの方からメッセージが寄せられたことを考えると、父の発信内容には賛否両論があったものの、それなりに評価はされ、世の中にも一定の影響を与えていたのだろうと実感した。

ここでは詳しくは書かないが、縁あって父と同じ「経済アナリスト」という肩書で活動するようになったこともあり、励ましのメッセージの中には「お父さんの遺志を受け継いで頑張ってください」という内容のものも多くあった。本書を読んでいただくとおわかりになると思うが、父と私は経済政策以外の点では親子なのに価値観が正反対のことが多い。しかし、父の死後にいただいた多くのメッセージから学んだことは、どのような主張をするにせよ、根底には優しさや愛情があるべきだ、ということだ。

父の真似をする気もないし、自分は自分が思うように生きていこうと考えているが、父の死後に学ばせてもらったことは今後の活動に反映させていくつもりだし、その覚悟に反して行動や言説が腑抜けたものになっていたら、ぜひお叱りの言葉をぶつけていただければ、と思う。私は完璧ではなく未熟な人間故に、父という一人の師を失ったからこそ、代わりに世間の声を一つの師としたいのだ。

本書を手に取っていただいた方にはなるべくすべてのことを共有したいと思うので、本書に関する話も書いておこう。企画は昨年の段階からあり、原稿ができ上がったのも昨年末の冬だ。つまり、本書の内容は父が生前のうちに完成していた。いろいろな事情から世に出るまでに時間がかかってしまったため、本書が世間にどのように受け止められたのかを確認することなく父は亡くなってしまった。

父の死後に内容を修正することも可能だったが、あえて一文字も修正しなかった。そこに手を加えてしまうと、父が伝えたかったことに異物が混ざってしまう可能性があるからだ。そのため、少し違和感がある部分もあるかもしれないが、そこは事情を念頭にご了承いただけると幸いだ。

二〇二五年二月

この国でそれでも生きていく人たちへ／目次

第二章　分断が引き起こす内戦・世界大戦の危機　森永康平

第三章　「令和恐慌」をもたらすのは誰か　森永卓郎

第四章　「投資アレルギー」につける薬　森永康平

第七章　「身分社会」に潰されないための生き方　森永卓郎

第一章
来たるべき大恐慌からいかに逃れるか
森永卓郎

「史上最大の大暴落」はなぜ起きたのか

世界経済はいま大きな岐路に立っている。

日本の代表的な株価指数である日経平均は、七月一一日に四万二二二四円〇二銭という史上最高値をつけた。ただ、その後怪しい値動きを続けたのち、七月三〇～三一日の日銀政策決定会合において、〇・二五パーセントの利上げが決まると、急下降をはじめる。

八月五日には前週末比で四四五一円二八銭、率にして一二・四パーセントという大暴落が発生。これは、一九八七年一〇月一九日に発生した「ブラックマンデー」を超える、「史上最大の大暴落」だった。

一方、翌日の八月六日には、一転して三二一七円の上昇と、史上最大の値上がり幅を記録している。四〇〇〇円下げたあとに三〇〇〇円戻すという、非常に荒い値動きとなった。

このような激しい値動きは、なぜ起きたのか。

それに対する私の答えは、「これは何かもっとひどい大きな事件の前兆ではないのか？」ということだった。

史上最大の暴落の翌日、史上最大の上げ幅を記録したことは、市場参加者の心理が非常に不安定化していることを表している。

日経平均はこれから上がるのか、それとも大暴落するのか。市場参加者の見方が真っ二つに分かれ、不安を感じる人が多くなっている。だから、このような急変動が起きているのだろう。

いったい何が起きているのか。現段階ではっきり説明できるわけではない。ただ、そんな中でも、みな潜在意識下では、「何か」を感じ取っているのではないか。私には、日経平均の大暴落は、そうした目に見えない変化の予兆を示しているように思われたのだ。

市場の意見が真っ二つに分かれている

私は二〇二四年九月に『投資依存症』（三五館シンシャ）という本を出版したが、現在のところ、賛否が大きく分かれる結果となっている。

本自体はよく売れており、おかげさまで、発売一週間で一万部の増刷が決まっている。ただ、ネット書店でのレビューにおいて、多くの方から評価「5」をいただく一方、評価

「1」の方もたくさんいたのだ。

私はこれまで百数十冊ほど本を出版しているが、こんなに評価が割れたのは今回の本が初めてだ。

これも、先述したように、市場参加者の見方が真っ二つに分かれている現状を反映しているのかもしれない。

なぜなら、この本で私が訴えたかったのは、要するに、「世界経済が崩壊の入り口に来ているのに、株価が永遠に上昇する前提で投資をするのは間違いだ」ということだからだ。

ただ、一部の投資家にとって、これは納得しがたい主張だったようだ。

一つの理由として「あらゆる投資は間違いだ」という主張だと勘違いされたことも、レビューが割れた原因かもしれない。

もちろん、突き詰めて言うと、「投資はギャンブル」だと思ってはいる。

お金が増えるのは、働いたときと他人から奪ったときだけだ。だからギャンブル性の高い短期投資はもちろん、長期の株式投資も最終的には「ゼロサムゲーム」になる。ゼロサムゲームとはつまり「勝者の利益」と「敗者の損失」を足し引きするとゼロになるゲームだということ。

投資は、一種のババ抜きゲームであり、誰かが儲かった場合、その裏で、誰かが損をする。長期投資の場合、一見、パイが拡大しているように見えるかもしれないが、それはバブルが起きているからで、バブルは必ずはじける。いま我々が直面しているのは、人類史上最大のバブルであり、バブルである以上、必ずそのバブルははじける。その大暴落の結果、世界は大恐慌時代を迎えるだろう。

それを予見しているから、「いま投資をしてはならない」と言っているわけだ。いついかなる時も投資をするな、と言っているわけではない。世界経済が順調に成長しており、比較的容易に利益を得られるようなタイミングなら、投資をしてもいいだろう。

いまは投資すべき時ではない

私自身、これまでにいろいろな投資をしてきている。テレビや出版を通じて、「いま買うべき投資商品」をおすすめしたこともある。

だが、投資をおすすめできるのは、それが「割安な時」だけだ。株価が安いときは「株を買え」と言えるし、不動産が安いなら「マンションを買え」と言える。

だが、現在、日経平均はバブル期を超えて史上最高値を更新している。株が割安でないのは一目瞭然だ。

不動産はもっとひどい。

「不動産経済研究所」が発表した、二〇二四年八月の東京二三区新築マンション平均価格は、一億三九四八万円。半年ごとの統計でも二三区の新築マンション価格は二年連続で一億円を超えている。

これは異常な割高水準だ。

一億円のマンションなど、平均的なサラリーマンには買えない。住宅ローンで借りられる金額は年収の五~七倍が目安と言われているが、国税庁が発表した「令和四年分民間給与実態統計調査」によると、二〇二二年（令和四年）の平均年収は四五八万円に過ぎない。一億円のマンションは、平均年収の二〇倍以上であり、買うのは到底ムリということになる。

では一億円のマンションは、いったい誰が買っているのだろうか。

結論を言うと、「投資家」が「投資目的」で買っているのだ。自分が住むためではなく、キャピタルゲイン（資産価格が上昇したことで得られる利益）を取るのが目的だ。

夫婦ともに高所得者を「パワーカップル」と呼ぶが、彼らは不動産ローンを組みやすいので、積極的にマンション投資をしているケースがある。

そのほか、外国人や、株でぼろ儲けした人などが、投機目的で東京の新築マンションを買っている。

いずれにしても、普通のサラリーマンには買えない価格なので、不動産は割高であり、いま投資すべきでないのは明らかだ。

世界経済は「エブリシング・バブル」

投資家・アナリストのエミン・ユルマズ氏は、「世界経済はエブリシング・バブルだ」と言っている。

バブルとは通常、あるセクターだけが過熱状態になるもの。たとえば一九八〇年代の日本の「バブル経済」は、明らかに「不動産バブル」だった。

当時は日本経済があまりにも強すぎた。そこで、一九八五年に先進五ヵ国の中央銀行総裁と財務大臣が集まり、もっと「円高・ドル安」にすることを日本に押し付けた。これが「プラザ合意」だ。

これによって、一ドル＝二三五円だったドル円相場は、たった一日で約二〇円も円高になった。その後、翌一九八六年には一ドル＝一五〇円前後まで大きく下落した。

この急激な円高は当時の日本経済には大打撃となった。円高により輸出が減少すると、輸出企業やその下請けの町工場などが大量倒産すると予想され、日銀は円高対策として利下げを行うだけでなく、窓口指導を通じて銀行に大幅な融資拡大を迫った。それが過剰なマネーを市場に注ぎこんで、不動産投資を過熱させ、「バブル経済」を招いた。これが通常のバブルだ。

一方、近年の世界経済は、「ありとあらゆるセクターがバブル」という状況に陥っている。リーマン・ショック以降、世界中が量的金融緩和を続けた上、コロナ禍でさらに金融緩和・財政出動を行った。その結果、とんでもない量のマネーが市場に流入し、ありとあらゆる資産がバブルになってしまった。

株は史上最高値、不動産もバカみたいな高値。しかも「仮想通貨」も爆上がりし「億り人」が続出、という状況になったわけだ。

これが「エブリシング・バブル」だ。

とくにアメリカ経済の状況がひどく、まさにバブルの末期症状を呈している。

「エブリシング・バブル」は崩壊寸前

先にも触れたように、「エブリシング・バブル」の特徴は、「あらゆる資産がバブルになる」点にある。

もともと、一九九〇年代から二〇〇〇年代にかけて「ドットコムバブル」が発生し、崩壊した。インターネットが急速に普及する中、アマゾンとか、アップル、マイクロソフトといった企業が急成長を遂げ、それにあわせてアメリカのハイテク株の株価が急上昇したわけだ。

ドットコムバブルは二〇〇〇年から〇一年にかけて崩壊を迎える。だが、二〇〇八年のリーマン・ショック以降、今度はグーグルとか、フェイスブック（現・メタ）といった企業が台頭したことで、再び「GAFAMバブル」が発生した。

ただ、GAFAM銘柄もあまりにも高くなりすぎたので、新たに値上がりしそうな分野がひねり出され、資金が投じられてきた。

たとえば、「これからはEVの時代」と騒ぎたてた結果、EVメーカーであるテスラや、他のEVベンチャーの株価がガンガン上がったが、これもすぐ限界に達してしまった。

EVは比較的割高なうえ、航続距離に制約があり、寒冷地では性能が低下するなど、消費者のニーズを満たしていない点が多い。二〇二三年の後半以降、世界的にEV販売が減少に転じていた。

結局、ハイブリッド車が一番手頃で信頼できるということがわかって、売れに売れている。トヨタの二〇二三年度決算では営業収益が過去最高となり、営業利益が初の五兆円超えを果たしている。「ＥＶバブル」はすでに崩壊したのだ。

ただ、エブリシング・バブルはまた別の分野にローテーションしていく。今度は自動車の自動運転化や、そのために「ＡＩ」がもっと普及する、といった話にすり替えられ、「ＡＩ半導体バブル」が発生している。

「ＣｈａｔＧＰＴ」などのいわゆる生成ＡＩを動かすには大量のＡＩ半導体が必要だ。これからＡＩが普及するなら、ＡＩ半導体を作る企業は儲かる、という期待から関連企業の株価が爆上がりしたのだ。

その代表的な企業がエヌビディアだ。エヌビディアの株価は、いち半導体メーカーにもかかわらず、あのアップルを抜いて時価総額世界一に達しており、二〇二四年一一月時点で約三兆四三〇〇億ドルにものぼる。日本の二〇二三年のＧＤＰが四兆二一〇六億ドルであり、エヌビディアの時価総額はそれに匹敵する規模となっている。

ただ、これは明らかにおかしい。エヌビディア一社の価値が、日本経済全体の価値に匹敵するというのはまさしくインチキにほかならないのだ。

「大恐慌」と同じことが起きている

私が見る限り、いまの世界では、世界大恐慌が発生した直前の一九二〇年代とまったく同じことが起こっている。というか、より悪質だと言うべきかもしれない。

一九二〇年代のアメリカ経済は何のバブルだったかと言うと、自動車と家電のバブルだった。

当時、アメリカの自動車産業は世界最強だった。そのころ日本で走っているタクシーといえば、ほぼアメリカ車しかなかった。そのくらいアメリカ車が強かったわけだ。

家電製品についても、アメリカ製は強かった。たとえばゼネラルエレクトリックやウェスチングハウスの冷蔵庫、ゼニス社のラジオといった製品は、世界中の人々の憧れだった。一九二〇年代の終わりにはゼニスからテレビも登場しており、今日に至る家電産業の基礎はこの時代に築かれたと言える。

当時アメリカの自動車産業、家電産業に比べると、日本の自動車、家電産業はほとんど競争力を持っていなかった。まさにアメリカ一人勝ちの状況で、当時のアメリカ経済は非常に成長しており、大きな価値を生み出していた。だが、アメリカの自動車や家電産業の株価は、あまりにも高くなり過ぎていた。

結局、アメリカの株価は一九二九年一〇月二四日に暴落を始めた。これが世界大恐慌の始まりとなった「暗黒の木曜日」だ。

恐ろしいことに、この時アメリカ株が暴落した理由は、いまだによくわかっていない。暴落の「引き金」として、市場取引開始早々にゼネラルモーターズ株に大量の売り注文が入ったことがあげられている。だが、なぜ売り注文が入ったかはわかっていないのだ。

当時、暴落の前に「株価は高くなり過ぎた。いずれ暴落する」と気づいていた人もいたが、株価が上がり投資ブームに沸き返っている中、正しい意見ほどかき消されてしまった。

「裸の王様」という童話がある。「バカには見えない服」だから、指摘するとバカとされてしまうので、本当は裸なのに誰も指摘しなかった、という話だ。

当時の世界経済も同じような状況だったわけだ。

バブル崩壊は資本主義の宿命

大恐慌は、アメリカだけの問題ではなく、資本主義経済が必然的に内包する問題、いわば「宿命」のようなものだ。

バブルの発生と、それに続く恐慌は、世界の歴史において過去何度も繰り返し起きている。比較的大きなバブルに限っても過去二〇〇年間で七〇回以上も発生している、という研究もある。

バブルの崩壊は、資本主義の宿命であり、必ず起きる。そうしたバブルの仕組みを喝破したのが、有名な経済学者のマルクスだ。

マルクスは、モノの価格は、二つの要因で決まると言っている。一つはその製品を作るためにどれだけの労働力を投入したのか、そのコストで決まる「労働価値」。もう一つは、その製品を使うとどれだけの便益を得られるかで決まる「使用価値」。

通常、「労働価値」と「使用価値」はほとんど同じになる。なぜかというと、普通、企業は使っても価値がないものを作ることはないし、また、作るコストを見ながら価格をつけるので、ある程度労働価値と使用価値が一致する価格に落ち着いていくからだ。

ただ、値上がりを期待してマネーが流れ込むと、モノの価格が本来の価値を大きく超えて上昇し、本来そんなに価値がないものに、べらぼうな高値がつく。それこそが「バブル」だ。

記録に残っている最古のバブルとして、一六三〇年代のオランダで発生した「チューリップバブル」がある。

一七世紀はオランダにとっての黄金時代だった。一六〇二年にオランダ東インド会社が設立されて以降、オランダは貿易により巨額の利益を得て、経済的な繁栄を謳歌していた。そのオランダでブームになったのが「チューリップ投資」。とくに珍しいチューリップの球根は、「葦毛の馬二頭、新しい馬車一台、馬具一式」と交換できるほどだったと言われている。

ただ、チューリップバブルはその後崩壊した。一六三七年二月に球根価格が暴落をはじめると、瞬く間に普通の価格に戻っていったのだ。

乗せられて球根をべらぼうな値段で買った人が大損したのは言うまでもない。

AI半導体はバブル

AI半導体もこれとよく似た「バブル」だろう。AI半導体だけではなく、半導体産業全体がバブルと言ってもいいかもしれない。熊本にできるTSMCの半導体工場や、北海道千歳市に作っているラピダスの工場も、私は必ず失敗すると予想している。

なぜか。半導体というものは、需給調整が難しい製品で、ちょっとでも需給が軟化すると価格が暴落してしまう。

日本の半導体メーカーはかつて世界生産の半分を占めていたが、その後韓国や台湾、中国の台頭によって地位が低下した。その理由として、需要構造が日々大きく変化するなかで、日本企業のフットワークが追い付かなかったことがあげられる。

もう一つの理由として、先ほどの「半導体の需給調整と暴落」の問題がある。

私が最初にパソコンを買ったのは一九八二年だったが、当時、一六キロバイトのＤＲＡＭが五〇〇〇円ほどの価格だった。だがいまは一六ギガバイトのＤＲＡＭでも五〇〇〇円しないぐらいで買える。「ギガ」は「キロ」の一〇〇万倍なので、一バイトあたりのＤＲＡＭ価格は一〇〇万分の一に下がったということだ。性能の向上により、単位あたりの価格は大幅に下落しているのだ。

半導体の価格とはこれほど変動が大きいので、経営が非常に難しい産業だ。現時点でエヌビディアの半導体が技術的にリードしていても、アッという間に追いつかれることもあり得る。逆にもうダメだと言われていた企業が、急に復活することだって起こり得る。

そのよい例が中国のファーウェイだ。かつてファーウェイは５Ｇ技術で世界をリードしていたが、米中対立の激化でターゲットにされ、世界でスマホを売ることが難しくなった。

ファーウェイは終わりだと誰もが思った。だが、大方の予想に反し、ファーウェイはその後復活しつつある。最新のスマホ用半導体だけでなく、スマホ用ＯＳも開発して猛烈に巻き返しているのだ。

こうした「大逆転」が起きうるのが半導体産業であり、エヌビディアが技術的な優位性を持っていたとしても、勝ち続けるのは容易ではない。エヌビディアの株価が今後も上昇を続けるどころか、維持することも簡単ではないわけだ。

バブルを煽り、株価を吊り上げている

「エブリシング・バブル」はこのようにさまざまなセクターをローテーションしながら膨張を続けてきた。だが、さすがにネタ切れになってきており、「これからこのセクターが上がる！」という話の「インチキ度」が上がってきていると感じる。

ＥＶバブル、ＡＩバブルの次は「宇宙バブル」かもしれない。だが、宇宙産業はまだまだ市場規模が小さいため、たとえ勝ったとしてもそう儲かりはしないことは、少し考えれば誰でもわかることだ。

要するに、エブリシング・バブルとは、「インチキのオンパレード」ということ。

そもそも、本当に画期的な新技術、新商品はバブルにはならない。

なぜか。本当に画期的な新技術だと、新し過ぎて、最初は誰も理解できない。そのため、売れる商品、ビジネスチャンスにも思えないので、片棒を担いで「これが売れる！」と言う

奴もいないし、仮に煽っても誰も乗ってこない。それくらい斬新で新し過ぎるものでなければ、大ヒット商品にはならないのだ。

むしろ、「これから上がる！」と言われているものは、まったく斬新ではなく、「古い技術や商品にお化粧をし直しただけ」であることがほとんどだ。

インターネットが実用化されたのは一九六〇年代。携帯電話は一九七〇年の大阪万博の時点ですでにあった。だから二〇〇〇年前後の「ドットコムバブル」は、「旧来型の技術にお化粧をし直したもの」に熱狂していたことになる。

ちなみに、私は前々回の東京オリンピックが開催された一九六四年に父親に連れられてアメリカに行ったが、父親は当時ソニー製の超小型ラジオを持っていて、それを聞きながらボストンマラソンを観ていた。すると現地のアメリカ人がワーッと寄ってきて、「そのラジオはどうしてそんなに小さいのか」と聞く。父親が「これはトランジスタ、半導体を使っているので小さいのだ」と説明していたのを覚えている。

何を言いたいかというと、半導体自体もとても古い技術だということ。すでに産業として確立されており、これから急成長するとは、とても思えない。

ＡＩでさえ、古くからある技術の一つだ。プログラムによりコンピューターが自動で動く仕組みは昔から実用化されている。日本の家電産業は、温度や湿度、あるいは光の状況などを人工知能的に判断して勝手に動く「スマート家電」という製品を三〇年以上前から作っていた。

もちろん、いまの生成ＡＩはもっと精度が高いと言う人も多いだろう。私が問題視しているのは、「バブルを煽っている」ことである。「決して新しい技術ではないのに、あたかも革新的な技術のように装い、株価を吊り上げている」のは問題ではないだろうか。

こうしたものを経済学者のガルブレイスは、「新奇性のある商品」と呼んでいる。「凄い新技術だ！」と言って煽り、株価を吊り上げる手法自体も、大昔からある、使い古された手法だということだ。

日経平均はこれから八割下がる

ただ、それももう終わりが近づいている。もはやバブルのネタが尽きてしまったからだ。新たなバブルを作り、「エブリシング・バブル」を延命させることが不可能になってしまった。だから、「エブリシング・バブル」自体ももうじき終わりを迎える。

これから大暴落がやって来る、ということだ。

よく、「〝株価の調整〟は普通のことだ。長期目線の投資家にとって、暴落はむしろ絶好の買い場になる」という説を目にする。

たしかに間違いではないが、これが当てはまるのは「通常のバブル崩壊」に限定される。「世界大恐慌」クラスの大暴落が発生した場合は、「絶好の買い場」などとは言っていられないのだ。

「大恐慌」が発生した場合に何が起こるか。

非常に長期にわたり、途轍もない値下がりが続く。それが「大恐慌」なのだ。

一九二九年一〇月二四日の「暗黒の木曜日」から世界大恐慌が始まった、という話を書いたが、「暗黒の木曜日」時の暴落は始まりに過ぎなかった。

最終的にダウ平均が底値をつけたのは、それから約三年後の一九三二年だった。最高値から八九パーセントもの下落だった。また、ダウ平均が大恐慌前の水準を回復したのは一九五四年。「暗黒の木曜日」から、実に二五年も経っている。

ちなみに、日本のバブル崩壊も、大恐慌レベルの長期停滞をもたらした。日経平均株価は一九八九年の年末に史上最高値をつけた後、年明けから下落相場に入り、約一八年かけて八三パーセントも下落している。

つまり、「大恐慌」が起きると、株価は八割以上も下落し、約二〇年もの長期低迷期を迎えるということだ。

こんな大暴落が起きれば、投資家はたまったものではない。保有株が八割値下がりして、しかも二〇年も低迷するのだから。

これでも「長期投資なら安心」と言えるだろうか。

私が必死に訴えているのは、このことだ。

これから二〇年以上にもわたり、株価が現在の四分の一、五分の一に下落する時代がやってくる。だから早く逃げろと言っているわけだ。

全員が「株は儲かる」と言い出したら危ない

大恐慌で真っ先にやられるのは、これまで投資で儲けてきた人たちだ。「株価はずっと右肩上がり」と信じて、カネにカネを稼がせてきた人は、今度の大恐慌で資産を失ってしまうだろう。

大暴落で大損するのは、個人投資家だと言われる。機関投資家やヘッジファンドは「株価は右肩上がり」と煽っておきながら、暴落前に売り抜けていたりする。最後にババをつかまされるのは、強気で買い続けていた個人投資家というわけだ。

大恐慌の時の話として有名な「靴磨きの少年」の逸話がある。

有名なジョン・F・ケネディ元大統領の父親のジョセフ・P・ケネディは、ウォール街で財をなした人物だった。ウォール街で靴を磨いてもらっている時に、靴磨きの少年が「きっと上がる株」の話をし始めた。ケネディはこれを聞いて「相場はもうダメだ」と思い、持っている株を全部売ったので、その後の大恐慌を切り抜けた、という話だ。靴磨きの少年までが「投資は儲かる」と信じ込んでいるのを見て、ケネディは「バブルの末期症状だ」と考えたわけだ。

相場が上がる時に最初に買いにいくのは、投資に精通しているプロの投資家。次に、ある程度投資に慣れている人も追随し、株価はもっと上がる。最後に買いにいくのは、投資についての知識・経験にとぼしい初心者、個人投資家と言われている。

ただ初心者が「株は儲かる」と信じて買いにいくタイミングとは、プロが利益確定のために株を売り始めるタイミング、つまりは暴落の直前だということだ。

「株価は右肩上がり」はウソ

近年、多くの著名人・インフルエンサーが、「株式投資は儲かる」と触れ回り、投資を勧めてきた。

二〇二四年一月には「新NISA制度」がスタートし、日本に空前の投資ブームがやってきている。

国が投資を推奨しているのだから、人々が投資に夢中になるのは、ある意味当然だ。一生懸命働いても給料は上がらない。収入を増やすには投資でもやるしかないと思う人もきっと多いのだろう。

ただ、投資をすれば必ず儲かる、と考えるのは間違いだ。

株式投資とは、根本的には「ゼロサムゲーム」だ。

要するに、誰かが投資で利益を得たら、反対に誰かが損をしているということだ。

こう言うと、「経済全体が成長し、株式相場全体が上昇していれば、ゼロサムゲームではない」という反論もあるだろう。

世界中のお金がどんどん増えているなら、単純なぶんどり合戦にはならない、成長の果実を分け合っているだけだ、という主張だ。

しかし、それは間違いだ。

最大の理由は、「企業の利益が拡大し続けるというのは、幻想だ」という点にある。経済理論で株価は、「将来受け取る配当金の現在価値をすべて合計したもの」ということになっている。ところが、完全競争市場では、価格競争によって、利益はゼロになる。配当金の原資は企業の利益だから、株価というのは、本来ゼロであり、株式時価総額というパイが増え続けることはあり得ないのだ。ところが、現実には、株式時価総額は長期的にも増え続けてきた。それは何故か。

皆さんは、いわゆる「勝ち組企業」がどうやって成長しているのか、どこから利益を得ているのか考えたことがあるだろうか。結論から言うと、単に競争に敗れた企業、弱い立場の企業の利益をぶんどっているだけだ。

大企業は交渉上有利な立場にあるので、立場の弱い下請け企業をいじめて、安く買いたたくことができる。こうした「下請けいじめ」により利益を出している企業は枚挙にいとまがない。

もちろん、こうした弱肉強食も資本主義経済の本質かもしれない。ただ、下請けいじめを繰り返しても、経済全体としての利益が拡大するわけではない。大企業の利益拡大は、中小零細企業の赤字によって支えられている。

そのため、非上場企業も含めた株式投資は、全体として利益をもたらすものではない。単なるゼロサムゲーム、ギャンブルに過ぎないということだ。

ちなみに「日経平均」や「S＆P500」といった株価指数は、いわゆる勝ち組企業の株価だけを集計したものだ。これらの指数が上がっていることは、経済全体が成長していることを意味しない。

事実、株式相場では、「日経平均は上がっているが、小型株のグロース市場は上がっていない」とか、「S&P500は上がっているが、小型株のラッセル2000は下落している」という場合があり、これらは相場の下落の前触れである場合がある。


ただ、「勝ち組企業による収奪」は、そうそう続けられるものではない。いずれ勝ち組と負け組の格差が大きくなりすぎると、それ以上収奪できなくなる。下請け企業が潰れてしまえば、発注元の大企業もダメージを受ける、というわけだ。

株式相場には、いずれ「成長の限界」がやってくる。それがバブルの崩壊なのだ。投資を勧めるインフルエンサーたちは、そのことを隠しているか、そもそも知らずに語っているわけだ。

マルクスの「四つの予言」

資本主義経済の限界を喝破したのはマルクスだが、彼は資本主義が限界を迎える理由として、次の四つの要因をあげている。

一つ目は「許容できないほどの格差」だ。

勝ち組企業が収奪し続けることはできないし、富裕層だけが莫大な利益を得る社会も維持できない。だが、いまの世界経済は格差が極端に拡大している。

国際NGOのオックスファム・インターナショナルが、二〇一九年に「世界でもっとも裕福な二六人の資産は、貧しい三八億人の資産の合計に等しい」という報告書を発表しているが、現在の世界に存在する格差は、その時以上に拡大している。もはや許容できないレベルに達しているのだ。

二つ目は「地球環境破壊」だ。

地球温暖化を抑えるための「パリ協定」では、二一世紀末までの気温上昇幅を、産業革命以前に比べて一・五度までに抑えるという目標を掲げているが、温暖化の進行は食い止められていない。

世界気象機関（WMO）は二〇二三年五月に、二〇二三〜二七年の五年間で、世界の気温は産業革命前より一・五度以上高くなると予想している。

この一・五度という数字は、温暖化を食い止められる限界とされている温度だ。これを超えてしまうと、温暖化を食い止めることが難しくなるとされている。

私は二〇年くらい前まで東南アジアに関わる仕事をしていたのだが、最近の日本の気候は東南アジアの気候そのものだ。

つまり、地球環境はすでに壊れている。まだ正式の統計は発表になっていないが、二〇二四年の平均気温上昇は、一・五度を超えた模様だ。これが資本主義の崩壊の引き金を引くだろう。

三つ目は「少子化」だ。

二〇二三年の日本の出生数は約七二万人と、前年より四万人以上減少した。二〇二四年上半期で約三五万人と、二〇二四年通年ではついに七〇万人を割り込む可能性が高い。

少子化が進んでいるのは日本だけではなく、世界的な傾向だ。

実はマルクスは少子化の理由について、「資本家は労働者が翌日、再び会社に来られるだけの再生産を行うための賃金は支払うが、労働者が結婚して子育てができるレベルの賃金は支払わないからだ」としている。

つまり、少子化は資本主義の帰結だということだ。

四つ目は「ブルシットジョブの蔓延」だ。

アマゾンの物流センターでは、顧客が注文した商品を機械的にピッキングしていくという非人間的な労働を強いられるという。

アルバイト労働者が持たされる端末には、「〇〇の棚から××を取れ」というプログラムからの指示が表示されるが、その都度、「次のピッキングまであと〇秒」という制限時間が表示されるという。制限時間内にピッキングが終わらない回数が多いと、後でスーパーバイザーからこっぴどく叱責されるのだ。

しかもこの制限時間は、人間が歩いて取りにいけるギリギリの時間に設定されている。あるジャーナリストが倉庫に潜入して確かめたところ、一日の歩行距離は二万五〇〇〇歩を超えたというが、それくらいきつい仕事だということだ。

グローバル経済の発展により、こうした面白みのない、きつい仕事が蔓延している。資本主義にとって最も重要なのは「効率」だ。効率を高めるために、面白くも何ともない非人間的な仕事が増え、人間の尊厳が奪われている。

これが人々の心を荒廃させ、社会への不満が蓄積し、いずれ爆発することで、資本主義は崩壊する。

現在の世界経済を見れば、この四つがいずれも発現しているのは一目瞭然だ。いまの資本主義経済がきわめて近い将来に崩壊すると私は確信している。

「長期投資なら安全」はウソ

これから大暴落が発生すると言うと、決まって次のような反論がある。「株式相場に下落局面はつきもの。いずれ株価は回復する。大恐慌の時も株価はもとに戻っている。だから長期投資であれば必ず勝てる」と。

ただ、これから来る史上最大の暴落の後、株価は二度と回復しない可能性がある。資本主義が終わりを迎えるからだ。そうなれば株式相場もなくなるし、株式会社自体もなくなるかもしれない。そうなったら株など紙切れに過ぎない。

そもそも、「長期投資なら安全」という発想も間違いだ。

次の図は、二〇二四年にバブル崩壊が発生した場合、「S＆P500」に毎年一〇〇〇ドルずつ投資していたら、二〇二四年の資産評価額がどうなったかを示したものだ。

左側の数字は投資を始めた年度を表している。これを見ると、二〇〇四年に投資を始めても、損失率は六九・六パーセントにも上っている。一方、二〇二四年に投資を始めた場合の損失率は九〇パーセントに達する。

たしかに長期投資のほうが損失率は低いが、それでも資産の大半を失うことになる。

「長期投資」を検証してみると……

開始年	投資金額	累積投資額	累積評価額	損失率	損失額
2004	1000	21,000	6,387	69.6％	14,613
2005	1000	20,000	5,918	70.4％	14,082
2006	1000	19,000	5,469	71.2％	13,531
2007	1000	18,000	5,049	72.0％	12,951
2008	1000	17,000	4,693	72.4％	12,307
2009	1000	16,000	4,275	73.3％	11,725
2010	1000	15,000	3,693	75.4％	11,307
2011	1000	14,000	3,174	77.3％	10,826
2012	1000	13,000	2,769	78.7％	10,231
2013	1000	12,000	2,377	80.2％	9,623
2014	1000	11,000	2,044	81.4％	8,956
2015	1000	10,000	1,771	82.3％	8,229
2016	1000	9,000	1,512	83.2％	7,488
2017	1000	8,000	1,257	84.3％	6,743
2018	1000	7,000	1,037	85.2％	5,963
2019	1000	6,000	840	86.0％	5,160
2020	1000	5,000	658	86.8％	4,342
2021	1000	4,000	486	87.9％	3,514
2022	1000	3,000	361	88.0％	2,639
2023	1000	2,000	220	89.0％	1,780
2024	1000	1,000	100	90.0％	900

（注）S&P500の価格は各年の6月月初の数字
（『投資依存症』〔三五館シンシャ〕より）

そして、損失額は、長期投資のほうが圧倒的に大きくなる。

これを見ても、「長期投資であれば安全」と言えるだろうか。

こうした数字は、「投資はギャンブルである」ことを表している。ギャンブルでも短期間なら利益が出ることがあるが、長年続けるほど確実に損失額が大きくなっていく。ギャンブルで結果として儲けている人は、ビギナーズラックで儲けたら、スパッとギャンブルをやめてしまう。ただ、これができる人はほとんどいない。

SNS投資詐欺が流行したワケ

繰り返しになるが、私は投資を全否定しているわけではない。

とはいえ、近いうちに大暴落が来て、資本主義が終わる以上、投資で利益を得るのは難しいので、早めに手仕舞いしたほうがよい。

投資で損をしても、若い人は人生を棒に振るまではいかないだろう。ところがシニア世代の場合、老後資金を失ってしまうと取り戻すのは難しい。

そんなリスクを冒してまで投資すべきなのか、いま一度よく考えるべきだ。

「投資は儲かる」と信じ込んでいる人の考えを変えさせるのは難しい。

そのことを痛感したのが、私自身も巻き込まれた投資詐欺事件だった。

二〇二三年ごろから、SNSなどで著名人を騙った「投資詐欺の勧誘」が大問題になっている。とくにZOZO創業者の前澤友作氏などは、運営元のメタ社を提訴している。

実は、投資詐欺で最も名前を使われたのは私だ。件数でみると、二位のホリエモンの倍以上もあった。

そのため、私のところには毎日一〇件以上もの苦情メールが来ていた。その人たちに対して、「これは私ではありません、名前を勝手に使われただけで、詐欺グループがやっているんです」と何度も説明したが、なかなか理解してもらえなかった。

「えっ、だって先生がアドバイスしてたじゃないですか。リスクなしで月利三〇パーセント、一年で何十倍にもなりますと。先生のアシスタントの〇〇さんも毎日連絡をしてくれたじゃないですか。先生の著書も無料で送ってくれたじゃないですか」などと送ってくるのだ。

「さすがに見ず知らずの人にタダで本を送ることはありませんよ」と伝えても、「いや、先生は親切な人だから」と。「見ず知らずの何百人、何千人もの人にそんなに親切にできませんよ」と送ると、「それは先生がご病気で、死ぬ前に良い行いをしたいからやってるんだって書いてあるじゃないですか」と。どうも詐欺グループは私についてこのように説明していたらしい。

「それに、グループには先生のアドバイス通りに暗号資産や金《きん》、株を買って大儲けした人がたくさんいました」と言ってくるので、「それは全部サクラです。そんな人は存在しません」ときっぱり伝えた。「サクラじゃないですよ。全体を仕切っている〇〇さんもいるし」。「それもきっと架空の存在です」と伝えたが、「じゃあ、解約するんで、これまで払った一億円を返してください」と言う。「なぜ私が払わなきゃいけないんですか」と、このように延々と押し問答になってしまった。

この経験から、世の中には「投資は儲かる」という考えでこり固まってしまった人がたくさんいるのだ、とつくづく感じた。

普通に働いても大してカネにはならない。唯一希望が持てるのは投資だ。そう思う人が多いのだろう。

投資で成功すれば資金が何倍にも増える。うまくいけば投資の収益だけで左うちわの暮らしができる。それを目指して投資詐欺にありったけのお金をつぎ込んだ人がたくさんいるわけだ。

投資詐欺に引っかかった場合、お金を取り戻すのは至難の業だ。一部が戻ってくる可能性もあるが、全額回収できた人は、私が知る限り、一人もいない。

この投資詐欺の流行だが、過去のバブル崩壊時にも共通して起こっている現象だ。バブルが過熱した時には決まって怪しい投資商品や投資詐欺が大流行しているのだ。

今回の投資詐欺騒動からも、エブリシング・バブルは末期症状だと私は確信した。騙されて大損する人をこれ以上出さないためにも、私は本を書いて警鐘を鳴らしたのだ。

『投資依存症』（三五館シンシャ）のあと、『新ＮＩＳＡという名の洗脳』（ＰＨＰ研究所）という、より実践的な本も出したが、いずれにしても、金融業界の人間や、まさに投資詐欺に騙されている人からは総スカンを食っている。彼らにとって、「これから大暴落が来る」という主張は非常に都合が悪いのだ。

私はどれだけ批判されても一向に構わない。とにかく大損する人をこれ以上出したくない。だから身を挺して「いますぐ全面撤退しろ」と言い続けているのだ。

第二章

分断が引き起こす内戦・世界大戦の危機

森永康平

大暴落はいつ来ても不思議ではない

「これから大暴落がやってくる」という父の予想を与太話だと思う方もいるかもしれない。もちろん、これから相場がどう動くかを事前に知ることは不可能だ。父の言う通り、近いうちに大暴落が発生するかもしれないし、そうならないかもしれない。

ただ、「大暴落は絶対来ない」と言うのも無理がある。投資をやっている方ならおわかりいただけるだろうが、この三〇年を見ても、相場が急落した局面は何回もあった。それが直近で起きるという予想があっても、それ自体は何ら不思議なものではない。

父はまた「資本主義が崩壊する」とも指摘している。その主張の当否についてはいったんおくとしても、世界情勢次第では、資本主義のあり方について何かしらの修正がなされる可能性も、まったくあり得ない話ではない。

そもそも、いまの資本主義の仕組みは「株主資本主義」であって、資本を持つ富裕層にとって有利にできており、労働者は不当に搾取される仕組みとなっている。それに対する不満が世界中で高まっているのだ。

二〇二四年九月、ボーイング社は大規模なストライキに突入した。大幅な賃上げを要求する労働組合と、経営陣との対立が原因だが、ストライキは二ヵ月続き、ボーイング社に約一兆円もの損失をもたらしたとされる。経営陣はコスト削減を進めて従業員の生活を逼迫《ひっぱく》させる一方で、本業で得た資金の大半を配当や自社株買いに充てていた。

現在の資本主義経済において、労働者への分配が後回しにされていることに、激しい不満がぶつけられた結果と言えるだろう。

こうした不満がこれからますます顕在化し、社会不安が高まっていく場合、資本規制や税制などのルール変更が行われる可能性はあり、その場合のインパクトはかなり大きなものになるだろう。

資本主義のルール変更が、株式相場の暴落を引き起こし、世界規模の景気後退を招く恐れもある。

ただ、それはあくまで「修正」にとどまるだろう。いつの時代も人間の経済活動の本質はあまり変わらない。多少制度が変わったとしても、資本主義経済が根本的に覆ることはないと考えている。

要するに、資本主義がなくなることはないが、現在の資本主義とは異なる「ネオ資本主義」があらわれる可能性は否定できないし、その場合、世界経済に大きなインパクトがある、ということだ。

「成長の限界」は昔から言われてきた

いつの時代も「資本主義はいずれ崩壊する」と予想する人はいる。一九七二年に有識者の集まりであるローマ・クラブが発表した「成長の限界」は、資本主義の衰退を予言したものとして有名だ。そもそもマルクスが『資本論』を発表し、資本主義に内包されている矛盾を指摘したのは一八六七年のことだ。決していまにはじまった議論ではない。

父の指摘も含め、マルクスに代表される資本主義批判には一定の真実が含まれていると考える。ただ、それらの指摘があっても、ずっと資本主義が続いていることもまた事実である。

そもそも、資本主義批判を展開している人が資本主義を批判する書籍をＡｍａｚｏｎで売っていたり、持論を展開する動画をＹｏｕＴｕｂｅにアップしているのは滑稽だ。なぜなら、それらのサービスは資本主義を活用して巨大化した企業が提供するものだからだ。現代に生きる多くの人々は、株主としてではなく消費者として資本主義の恩恵を間接的に受けており、資本主義ではない世界で生きていけるのかはなはだ疑問である。

資本主義から完全に自由になっていない人が資本主義を批判してはいけない、とは言わないが、資本主義が崩壊したあとの世界を同時に論じていないのであれば「資本主義はいずれ崩壊する」という主張を鵜呑みにはできない。

私自身としては、資本主義がただちに崩壊するとは考えていないが、かといってこれまで通り、右肩上がりの経済成長の下でこれまで通りの資本主義が続くと想定するのも危険だと思っている。

台湾有事の危険性は高まっている

現時点で想定されていない突発的なリスクを「ブラックスワン」と呼ぶことがある。スワンすなわち白鳥は白いと信じられてきたが、突然黒い白鳥が見つかり、白鳥の概念が根本的に覆った。このように、「事前に予想できないが、もし発生すると影響が大きい」事象が「ブラックスワン」である。

ブラックスワンが発生する可能性は低いものの、相場ではこれまで何度もブラックスワンが発生している。むしろ「株価はずっと右肩上がり」と想定するのは危険だろう。

実際、現在の世界経済が想定していないリスクは確実に存在しており、もしリスクが顕在化したら、父の言うように大暴落が発生しかねない、と考えている。

中でも実現性の高いものとして、「地政学リスク」、とくに「東アジアでの戦争」の可能性があげられる。

中国が武力によって台湾を統一しようとする、いわゆる「台湾有事」の可能性が高まっており、もし現実のものになれば、日本も他人事ではない。日本の国土が物理的に有事の被害を受ける可能性も高いが、仮にそうならなくとも、日本経済へのダメージは大きいだろう。台湾周辺海域はいわゆる「シーレーン」、要するに日本の海上貿易の航路であるため、台湾で戦闘が起きた場合、輸出入が部分的に停止するリスクがある。

このような事態が起きれば、経済活動どころではなくなる。日本の株式市場も少なくとも短期的には相当なダメージを受けるだろう。

二〇二四年一一月のアメリカ大統領選挙において、共和党のドナルド・トランプ氏が勝利した。一次政権の実績をもとに、トランプ氏は横暴なイメージに反して戦争はしないという意見も多いが、今回は、台湾有事の可能性が高まったという懸念を持っている。

トランプ氏はかねてよりアメリカが他国の防衛を引き受けることに批判的だ。ロシアによるウクライナへの侵攻についても、ウクライナへの支援を停止し戦闘を終結させることを示唆してきている。

また、台湾防衛について、積極的にコミットするよりも、「台湾有事になれば対中関税を二〇〇パーセントに引き上げる」と発言し、台湾を軍事的に防衛するよりも、経済制裁で対応するかのような印象を与えている。個人的にはこの発言がトリガーになりうると感じている。

実は、ウクライナ紛争の前にも同じようなことがあった。

二〇二一年一二月、ロシア軍がウクライナとの国境に集結し軍事侵攻の懸念が高まっていた際、バイデン氏は「ウクライナへの派兵は考えていない」と明言してしまった。ロシアのプーチン大統領がこの発言から「アメリカとの戦争にはならない」と判断し、ウクライナ侵攻を決断した可能性は否定できないだろう。私はこの発言を受けてＹｏｕＴｕｂｅでロシアのウクライナ侵攻の危険性について言及したことがある。その際、コメント欄では「軍事の素人が適当なことを言うな」とボロボロに叩かれて炎上した。たしかに当時は軍事の専門家もロシアによるウクライナ侵攻の可能性は低いとしていた。しかし、それから間もなくしてロシアがウクライナに侵攻したのは誰もが知るところだ。

これと同様に、トランプ氏の発言を受けて、中国側は、「これで台湾有事になってもアメリカとの戦争は避けられる」と思ったかもしれないのだ。

多くの専門家が「中国もバカではないし、台湾有事は起こらない」と言っているが、ウクライナ紛争の前にも、やはり専門家はこぞって「プーチンはバカではない、侵攻はあり得ない」と言っていたのだ。

そもそも、独裁国家の元首は、経済合理性を無視して行動できる。これが西側の民主主義国であれば、「戦争は自国経済に打撃を与える」と考え、できるだけ軍事的な解決を避けようとするだろう。

ウクライナに侵攻すれば、ロシアに対して経済制裁が科されることはわかりきっていた。西側の発想なら、「戦争しても損だ」となるだろうが、ロシアは侵攻に踏み切っている。独裁国家に西側の常識は通用しないということだ。

中国に対して「台湾有事を起こしたら関税を二〇〇パーセントにするぞ」と言っても抑止にはならない。西側陣営なら、「輸出品の値段が倍になるのは損だ。やめよう」となるが、独裁者は「軍事侵攻しても米国との戦争にならずに関税が二〇〇パーセントに引き上げられるだけならやってしまおう」と考えるだろう。

意表をついて電撃戦をしかけてくる

以前から「習近平は二〇二七年までに台湾有事を起こす」と言われてきた。なぜなら、習近平氏の三期目の任期が二〇二七年までだからだ。自らのレガシーとして、台湾統一を果たそうとするだろうということだ。

とはいえ、中国はまだ準備ができていない、という見方もある。台湾は島なので、侵攻には上陸作戦が必要になる。その際に兵士を輸送、揚陸する能力が中国軍は不足しているという。

また、中国はエネルギーや食料を輸入に頼っているので、戦争に耐えられないという見方もある。

前者については民間輸送船を活用するつもりのようだし、エネルギーについてはロシアに助けを求めることができる。食料についても近年備蓄量を増やしているとされる。中国が台湾統一の際に武力行使も選択肢に入れて準備していることは間違いない。

中国にとって、タイミングはある程度早いほうがいいはずだ。あまり時間をかけていると、それだけで台湾防衛の体制を整えられてしまうからだ。

そもそも中国としては長期戦は不利なはずだ。中国はエネルギーも食料も輸入に頼っている。ある程度はロシアに依存するにしても、早く決着をつけたい。

短期間で制圧すれば、米軍に介入するチャンスを与えないことも可能になる。

となると、機を見て電撃的に開戦するほうがいい。

トランプ当選で、台湾有事の条件はすべて整ったようにも見える。二〇二七年どころか、二五年の早い時期にも起こり得るかもしれない。

実際、ロシアのウクライナ侵攻の時も、前年の二〇二一年九月にロシア軍は大規模な演習を行い、一部から「大規模戦争の前触れ」と指摘されていた。その後、ロシア軍は実際に二〇二二年二月から侵攻を開始している。その間、たった五ヵ月程度である。

今回、二〇二四年一〇月、中国軍はやはり大規模演習を実施したが、多数の艦艇で台湾をとり囲み、まるで台湾有事の予行演習であるかのようだった。

そもそも軍隊を動員するには、周到な計画と準備が必要だ。中国軍があれだけの規模の演習を行ったのは、相当な計画と覚悟があると見たほうがいいだろう。中国軍の軍事演習が行われると、日本では「〇〇の△△に抗議の意を表するために演習した」という解説がなされることが多いが、大規模軍事演習はそんな手軽にできるものではない。入念な計画と準備が必要なのだ。

それを考えると、この中国の大規模軍事演習が、台湾有事の前触れである可能性も否定できない。

「台湾&朝鮮半島ダブル有事」という「最悪の展開」

ちなみに、台湾有事と同じタイミングで、朝鮮半島でも軍事的緊張が高まる可能性がある。

二〇二四年一〇月に北朝鮮の兵士がロシアに派兵され、ウクライナ軍が越境攻撃を行っているクルスク周辺で戦闘に参加したとされている。

ロシアとしては兵力不足を補う意味があるだろうが、北朝鮮としては、ロシアに恩を売ると同時に、実戦経験を積ませる狙いがあると考えられる。

なぜ北朝鮮が自国の兵士に実戦経験を積ませているかというと、やはり近い将来の武力衝突を予想しているからではないか。

北朝鮮は二〇二四年一〇月、韓国につながっている道路を爆破し封鎖してしまった。この行動も、もしかすると近い将来の「実戦」を想定してのものだった可能性がある。

北朝鮮が戦争するとすれば、当然韓国と戦うということになる。一九五〇年に勃発した朝鮮戦争は終結しておらず、停戦状態が続いているだけだ。朝鮮戦争が再開される可能性は決してゼロではない。

朝鮮半島の軍事衝突が起こるとしたら、台湾有事と同時に起こるというシナリオは頭に入れておかなければいけない。

中国としては、台湾に侵攻するとしても、世界一の軍事力を誇るアメリカとの戦争は避けたい。そもそもアメリカが参戦しなければ、憲法上の制約があるため、日本は台湾有事に手出しできない。

そう考えた際、朝鮮半島で戦争が起これば、アメリカ軍は韓国防衛を優先して台湾は後回しにせざるを得ないかもしれない。仮にアメリカが参戦してきたとしても、朝鮮半島と台湾で兵力を分散することになる。ウクライナとイスラエルも支援しながら、台湾有事のみならず韓国まで防衛するとなると、いかにアメリカといえど手に余るだろう。

そう考えると、台湾有事と同時に、朝鮮半島も有事に突入するかもしれない。二〇二四年一二月に韓国では尹錫悦《ユンソンニョル》大統領が突如戒厳令を宣布した。その後、同氏の弾劾を求める議案が国会で可決された。朝鮮半島でも不確実性が着実に高まっている。

「東アジアの戦争」で日経平均は暴落必至

以上のように、これから台湾や朝鮮半島を中心に東アジア圏で有事が発生すれば、その影響で日経平均が大暴落することはあり得ると考える。

これは父の言うような「世界的なバブル崩壊」とは違う文脈ではあるが、大暴落に注意が必要な状況にある、という結論は同じだ。

しかも「トランプ当選」がさらに問題を複雑にしている。トランプ氏は基本的に、アジアの有事にアメリカが関与する必要はない、という考えを持っている。東アジアで有事が発生した場合、台湾と日本、韓国が防衛すべきというスタンスを取るかもしれない。

そうなると、そもそも台湾有事や朝鮮半島有事に、本当に米軍が介入してくれるかも怪しい。

ただ、トランプ政権下でそういう動きが進むことは、各国とも理解しているので、日本もさらに防衛力増強に動くだろうし、東アジアの安全保障の枠組みが変わることもあり得る。

そうなってくるとやはり中国としては有事に持ち込みにくくなるわけで、現時点で必ず台湾有事が発生する、とまでは断言できない。

ただ、二〇二四年九月の自民党総裁選、同年一〇月の衆院選の結果、自民党が過半数割れして不安定感が増している。野党の同意を得られなければ法案を通せないので、石破政権は安全保障面においても思い切った決定ができないかもしれない。

さらに、二〇二五年七月には参院選も予定されている。もし参院でも自公が過半数割れになれば、自公政権はより一層不安定化すると考えていい。

そのような状況で、台湾有事が発生した場合、日本が台湾防衛にコミットできない可能性も出てくる。アメリカも日本も助けられないとなると、中国と台湾の一騎打ちとなるので、中国が一気に勝負を決める可能性が高まる。

トランプ政権の「台湾防衛放棄」が明確になり、日本の政局が混迷して台湾防衛に動けないとなると、中国にとっては大チャンスだ。

二〇二五年以降に、台湾有事が発生する可能性は十分想定しておかなければならない。

ウクライナ紛争は終結し、台湾有事が始まる

トランプ政権の誕生はウクライナ紛争の行方にも大きな影響を与える。トランプ氏は自分が大統領になれば、「ウクライナ紛争はすぐに終わる」と発言してきている。要するに、ウクライナへの支援を打ち切り、ロシアとの停戦交渉を進めるということだ。

では、どのようなかたちで停戦するのかが問題になる。仮に、「二〇二二年の侵攻の前の領土へ戻す」となった場合、クリミア半島はロシアのものになる。

これはロシアにとって非常に有利な内容だ。今回の戦争では領土の観点からは何も失わず、むしろ問題になっていたクリミア半島を確保したとなると、ロシアにとっては「攻め得」ということになる。

そうなると、ロシアのように国連の常任理事国であれば、他国に侵攻して領土を獲得して

もお咎めなし、という前例を作りかねない。ロシアに限らず、同じく常任理事国である中国も、「どんどん戦争したほうが得だ」ということになってしまう。

そう考えると、ますます台湾侵攻のリスクを真剣に考えなければならないだろう。

中東情勢も、このまま沈静化すればいいが、イラン、イスラエルの報復合戦がエスカレートすると非常に危険だ。イスラエルがイランの核施設を攻撃したり、あるいはイランが核による報復を検討する、という段階になれば、もはや中東の紛争ではなく、第三次世界大戦の様相を呈するだろう。

このような状況になれば、日本だけでなく世界中の株式市場は暴落が避けられないだろう。

台湾有事で日本経済はストップ

有事発生の際、日本経済はどうなるだろうか。

日本は資源に乏しく、エネルギーの大半を輸入に頼っている。その輸入の大半は海上輸送によるので、いわゆる「シーレーン」が封鎖された瞬間、日本経済は危機的状況に陥る。

食料についても輸入が多く、国内の備蓄量も一ヵ月半程度しかないという。もし食料の輸入が途絶えれば、食料危機が現実のものとなるだろう。

また、先端半導体は基本的に台湾で作っているため、台湾有事発生となれば、多くの産業がストップするだろう。

かつてコロナ禍で半導体生産がストップしたことで、日本の自動車メーカーも生産ラインを停めざるを得なかったが、同様のことがもっと大規模に起きるだろう。

ご承知の通り、日本経済の大黒柱は自動車産業だ。その自動車産業がストップすれば、日本経済全体に大きな悪影響が発生する。

もちろん、台湾有事になっても、すべての海運が停止するとは限らない。戦闘の展開によっては、一部安全が保証された海路が確保されるかもしれない。ただそれでも国際物流に大混乱が生じるのは間違いないだろう。

一方、台湾有事の際に恩恵を受けるのは、何と言っても防衛産業だ。

防衛費の増額もあり、三菱重工業をはじめとする国内の防衛銘柄の株価は大きく上昇している。しかし、あくまで地政学リスクが高まると防衛銘柄には追い風というだけで、実際に地政学リスクが顕在化した際には株式投資などやっている場合ではないことは言うまでもない。

約八二万人の在日中国人が動員される？

同時に、日本国内でも社会不安が発生するだろう。

台湾有事の展開によっては、日本国内の米軍基地が中国軍のターゲットになる可能性もある。それどころか、自衛隊も交戦する事態になれば、日本中がミサイルや空爆のターゲットにされるかもしれない。

また、法務省によれば、現在日本国内には約八二万人の中国人が在留している。もちろん彼らは民間人だが、中国の場合、民間人も軍事・諜報面で動員されうることに注意しなければならない。

中国が二〇一〇年に施行した「国防動員法」は、有事の際に民間人や施設などを軍事動員できることを定めている。また、二〇一七年施行の「国家情報法」は、あらゆる中国人に対して中国政府の情報収集活動への協力を義務付けており、こちらは平時でも適用される。

つまり、法律の解釈によっては日本国内にいる中国人は、全員が潜在的な兵士やスパイになりうるということだ。

もちろん法律上できるからといって、国内の中国人全員が直ちに動員されるとは限らない。むしろ台湾有事において、中国は日本と戦いたくないだろうから、積極的に動員し日本を刺激することは考えにくい。

だが、それはあくまで現時点での想定であり、実際に何が起きるかは予想がつかない。日本と中国との戦闘が発生した場合、国内の中国人との間に小競り合いや対立が生じることも考えられる。いずれにしても社会不安が増大するのは間違いないだろう。

日本社会全体に、こうしたことへの危機意識が低いことが気がかりだ。大企業や重要な研究機関などで、中国人を多数雇用しているところは、有事に際してかなりの打撃をうける可能性もあるだろう。厳格なセキュリティクリアランスが求められる。

サイバー攻撃の可能性も考えておかなければならない。現状でも、表面化していないだけで、実際には中国共産党が関与したサイバー攻撃も多数あると考えられている。

二〇二二年八月にアメリカのペロシ下院議長（当時）が台湾を訪問した際、台湾のコンビニエンスストアに設置されたサイネージがハッキングされるなど、中国によると思われるサイバー攻撃が多数確認された。

台湾有事になれば、同様のサイバー攻撃が日本に対して実施される可能性もあるだろう。いずれにしても、日本国内に相当な混乱が起きるのは間違いない。

第三章　「令和恐慌」をもたらすのは誰か

森永卓郎

大恐慌後に日本経済を破壊したのは日本政府

大恐慌が起きたら、世界はどうなるだろうか。

まず参考になるのは、前回の一九二九年の大恐慌の経験だろう。

当時の日本はいったいどうなったのか。

一九二九年に「暗黒の木曜日」が発生、その後世界経済は急失速したので、日本でも景気が悪化した。経済の回復には金融緩和と財政出動が必要だが、この時の日本政府が選択したのは、「旧平価での金解禁」と緊縮財政だった。

「金解禁」とは、金輸出の解禁、および金本位制への復帰を意味する。

「金本位制」とは、金《きん》とお金との交換レートを設定し、いつでも交換可能にしておく制度のことだ。また、この時に金と交換できるお金のことを「金兌換《だかん》紙幣」と呼ぶ。

金本位制とは、簡単に言うと「お金の総量を制限する政策」にほかならない。お金と金をいつでも決まったレートで交換できるということは、「金の量を超えてお金を発行できない」ということになる。しかも高い為替レートの旧平価で金兌換を再開するということは、強烈な金融引き締め策になる。

金融緩和で金利を引き下げると、よりお金を借りやすくなる。すると、世の中に流通するマネーの量が増えるわけだ。一方、金融引き締め、つまり金利を上げると、お金を借りた時に支払う金利が高くなるので、みな借金を控えるようになる。すると世の中に出回るマネーが減り、景気が減速する。

大恐慌の前、つまり第一次世界大戦直後の世界は不況にあえいでおり、金融緩和を行い景気をテコ入れするのが正しい政策と考えられていた。そのため、世界各国は「金本位制の停止」に動くことになった。アメリカが一九一七年に金兌換（金と通貨の交換）を停止したのをきっかけに、各国が同様の措置を実施した。日本もこの時に金本位制から離脱している。

金本位制からの離脱は、金融緩和的な政策にあたるが、あまり続けていると景気が過熱してバブルを引き起こしてしまう。そのため世界各国はその後金本位制に復帰し、金融引き締めに転じている。

ただ日本は金本位制への復帰が遅れていた。そのうちに一九二九年の大恐慌が発生し、今度は逆に景気対策が必要になってしまった。

一方、金本位制への復帰は、当時のグローバルスタンダードであり、日本も追従しなければならない。

そこで、当時総理大臣に就任したばかりの浜口雄幸《おさち》と、大蔵大臣の井上準之助は、大恐慌が広がっていく中でも、「金解禁」すなわち金本位制への復帰を実施したが、これは要するに不況下で金融引き締めを実施したのと同義だった。

しかもやり方がまずかった。金輸出を解禁するとなると、価格を決める必要があるが、「最新の経済状況に応じた価格」（「新平価」）にするか、「第一次大戦前の為替レートに応じた価格」（「旧平価」）にするかで議論となった。

結局、浜口と井上は「旧平価」を選んだのだが、この決定が急激な円高をもたらし、日本の輸出産業は大打撃を受けたのだ。

同時に、浜口と井上は「緊縮財政」も断行した。政府の予算を削れば、民間に流れ込むお金が減るので、景気は悪化する。通常、不況下でやるべき政策ではない。

当然、当時の世論も大反発したが、この時、浜口は国民に向かって「明日伸びんがために、今日は縮むのであります」と呼びかけ、一躍ヒーローになっている。まさに、かつて小泉純一郎元首相が「改革なくして成長なし」と言ったのを彷彿とさせる一言だろう。

ただ、この浜口と井上の政策がその後「昭和恐慌」をもたらすことになった。

これから「令和恐慌」がやって来る

「昭和恐慌」時の日本はひどい状況だった。

東北の貧しい農家では、生活のために娘を身売りさせるしかなかった。若者は大学を出ても就職先がなく、「大学は出たけれど」という言葉が流行語になった。

アメリカもひどい状況で、失業率は二五パーセントと、四人に一人が失業者だった。

各国とも経済が疲弊するなか、ブロック経済化が進み、最終的には世界大戦へと発展していくことになる。

私はこれと同じことがこれから起こると考えている。

これはメディアが報じない「不都合な真実」の一つだが、いま日本は途轍もない金融引き締めと緊縮財政を断行している。

日本銀行は二〇二四年三月と七月に政策金利の引き上げを断行した。

財政政策は、もっとひどい。コロナ禍が起きた二〇二〇年度、つまり安倍政権末期の基礎的財政収支を見ると、八〇兆円も赤字だった。しかし、岸田政権下で緊縮財政に転換し、赤字額は約八兆円まで減っている。たった三年で、赤字が約七〇兆円以上も減っており、非常に急激に財政を引き締めたことを意味している。

そもそも、財政赤字がどれだけ増えようとも、政府が破綻することはない。これは財務省も認めており、財務省のホームページにもしっかり書かれている。

政府や日銀は、「財政赤字が巨額になると、円も国債も暴落して、ハイパーインフレになるぞ」と言っていたわけだ。

ただ、ハイパーインフレは起きていない。たしかに近年は物価上昇が起きているが、インフレ率は二パーセント程度で、ハイパーインフレではまったくない。

そもそも現在の物価上昇は、ウクライナ紛争開始による輸入物価上昇という側面が大きい。一時は一ドル＝一六二円に迫り、アメリカの金利引き上げに伴い大幅な円安が発生したことも物価上昇をもたらしているが、決して放漫財政のツケではない。

現状の日本の財政赤字の規模は、ハイパーインフレを招くようなレベルではまったくないのだ。

ではどのくらいまでＯＫなのかは、経済学者によって考えが異なるが、私が聞いている範囲では、控えめな人でも年三〇兆円ぐらいの赤字は問題ないと言っている。逆に、それくらいの財政赤字を出し続けていかないと、日本経済はあまり成長しないのだ。

つまり、約八〇兆円の赤字だったコロナ禍の財政のほうが「まとも」ということだ。

ちなみに、約八〇兆円の財政赤字を継続的に許容すると、いろいろなことが可能になってくる。

いま消費税収は約三〇兆円ほどなので、消費税を廃止してもあと五〇兆円も残る。実は五〇兆円あれば、国民一人当たり三万五〇〇〇円のベーシックインカムを給付できる。四人家族なら月一四万円が入ってくる計算だ。

財政赤字を許容し、こうした社会を実現したほうが日本経済にとっては望ましいはずだ。

そもそもいま世界経済はバブル崩壊に向かっており、景気が減速しはじめている。こういう状況においても、政府は金利を引き上げ、緊縮財政をやろうとしている。

これは、まさに戦前に浜口雄幸がやったのと同じ誤りだ。この選択が、いずれ「令和恐慌」をもたらすのは火を見るよりも明らかだろう。

日本経済停滞の真犯人は「財務省と日銀」

なぜ政府はこんな明らかな誤りを繰り返しているのか。

日本の金融政策を担っているのは日銀だが、日銀総裁の植田和男氏は、非常に聡明な人という評判だ。東大経済学部では優秀な学生だけが入れる宇沢弘文ゼミに所属していたということし、宇沢先生からも目をかけられていたと聞く。

故宇沢弘文先生は「社会的共通資本」という概念で知られる世界的な経済学者で、経済成長最優先の経済学を厳しく批判していた。スタンフォード大学などでも教鞭を執り、シカゴ大学でノーベル経済学賞を受賞したスティーグリッツ氏を指導したこともある。

植田総裁はそんな宇沢先生に学んだわけだが、考え方は大きく違うようだ。

植田総裁は宇沢先生のように、経済成長最優先の経済学を批判しているわけではないし、投資家や金融業界にはむしろシンパシーを持っているように見える。

就任後の行動を見ると、政府や金融業界の顔色を窺い、彼らに配慮しながら進めているように思える。

そもそも、日本経済の現状を見れば、完全にはデフレ脱却を果たしていないのは明らかだ。利上げするより、できるだけ金融緩和を続けるのが「正解」だったはずだ。

だが、植田総裁は二〇二四年七月に利上げを決定した。これは「円安に歯止めをかけたい」という政府・与党の意向を汲んだ決定だったという説もある。

要するに、政治家の顔色を窺うことを、経済学的に正しい政策を実施することよりも優先した、ということだ。

金融業界にとっても、実は利上げが望ましい。とくに銀行は貸し出しによる金利収入が増えて儲かるからだ。

ちなみにこれは私の推測だが、植田総裁は日銀総裁の任期を終えた後は、金融業界に天下りするのではないか。それくらい植田総裁のスタンスは金融業界寄りに見える。

ちなみに、植田総裁は若いころ相当イケメンだったので、つい厳しい目で見てしまう。私にとって「イケメンの金持ち」は、人生最大の敵だからだ。

冗談はさておき、いまの日本の金融政策の問題点とは、日本経済が良くなるかどうかより、政府にとって都合がいいかどうか、金融業界が儲かるかどうかを優先している点にある。

日銀とともに金融政策を決めているのは財務省だが、財務省が考える経済政策は根本的に間違いであることは、私の著書『ザイム真理教』（三五館シンシャ）でも指摘したところだ。日銀と財務省がそろって経済政策を間違えている。これが、日本経済が長年停滞している根本原因なのだ。

私が日銀に「出禁」になった理由

私は二〇〇一年に『日銀不況』（東洋経済新報社）という本を出し、かなり厳しく日銀を批判したので、その後何年もの間「日銀への出入り禁止」を食らった。

その本を一緒に書いてくれた「同志」である、原田泰《ゆたか》氏や野口旭氏、加えて三和総研で私の部下だった片岡剛士《ごうし》氏らは、いわゆる「リフレ派」の論客として、私と同じようにずっと冷や飯を食わされていたが、安倍政権が誕生すると、みな日銀審議委員になって、日銀の政策を変えさせるのに貢献した。

ただ、その後日銀審議委員は入れ替えが進み、現在、当時のメンバーは二人しか残っていない。いまは引き締め派が優勢になっている。

ちなみに元財務官僚で嘉悦大学教授の高橋洋一氏によると、リフレ派の審議委員からどんどん入れ替えているらしい。

つまり、国民が気づかないところで、金融引き締め・緊縮財政を推進しているということ。

こうした状況を変えるには、政治家のリーダーシップが欠かせない。

その意味で、二〇二四年九月の自民党総裁選で私は、高市早苗氏に大きな期待を寄せていた。高市氏の経済政策には高橋洋一氏がブレーンとして参加していると聞く。安倍政権のときも、高橋氏がかなり力を貸していたことを考えるなら、高市氏が政権を取れば、安倍政権に近い政策が復活する期待があった。

だが、自民党総裁選の他の候補者はみな緊縮派だ。

「コバホーク」と呼ばれる小林鷹之氏は元財務官僚だ。彼が総裁選に出て来た理由は、明らかに「高市つぶし」だった。

名前の通りタカ派の小林氏が出馬すれば、同じくタカ派の高市氏の票が割れるので、当選しづらくなる。だから、財務省は彼を出馬させたのだろう。

そのほか、加藤勝信氏は元大蔵官僚で緊縮派だ。茂木《もてぎ》敏充氏は安倍元首相と近かったと言われているが、財政拡大派ではない。「消費増税はしない」と明言していたが、「消費税を下げる」ことは考えていないだろう。

そうしたなかで財務省としては何が何でも高市氏だけは避けたい。安倍政権という「悪夢」の二の舞になってしまうからだ。要するに、自民党総裁選は「財務省」対「安倍政権の亡霊」の戦いだったということだ。

だから、高市氏が総裁選での決選投票で勝てなかった時点で、「令和恐慌」の到来は、確実に近づいてしまったとも言える。

ただ、かすかな希望の光も見えてきた。総選挙で政界地図が一変したのだ。

四半世紀ぶりの減税

二〇二四年一〇月二七日の解散総選挙で、与党が過半数割れしたことで、キャスティングボートを握ったのは、議席を四倍に増やした玉木雄一郎代表率いる国民民主党だった。

玉木代表は公約として掲げた①消費税率の半減、②ガソリン税のトリガー条項発動、③基礎控除の拡大などによる課税最低限の一〇三万円から一七八万円への引き上げ、の三点をメインとした政策要求を政府に対して続けているが、中心となっているのは、一〇三万円の壁の引き上げ、基礎控除の拡大だ。

この減税策は、国民の手取りを増やす即効性があり、とても有効なのだが、そこに立ちはだかっているのは、与党ではなく、財務省だ。財務省は、早速、大手マスメディアを使って「そんなことをしたら七兆～八兆円の歳入欠陥が生ずる。そんなバラマキは許されない」という論調を作り上げた。財務省にとっては、玉木代表が要求する減税策は、許しがたい暴挙なのだ。

まず、財務省は恒久策をとても嫌がる。単年度の財政支出ならともかく、ずっと減税を続けるのは、増税路線と矛盾してしまうからだ。

もう一つ財務省が嫌がる理由は、天下りだ。半導体や宇宙開発の支援で財政出動すれば、そこに天下りポストが生まれるが、減税は利権につながらないのだ。これまでの財務省の行動は、一〇〇億円の財政出動につき、天下り一人を押し付けるというのが相場になってきた。だから七兆円の減税財源があるのなら、本来七〇〇人の天下りを実現できる。それが減税では、一人の天下りポストも握れない。それだけは、どうしても嫌なのだ。

元大蔵・財務官僚だった玉木代表は、そうした財務官僚の行動原理もわかったうえで、財務省の痛いところを突いていったのだ。

当初、財務省は玉木代表を潰しにいったとみられる。総選挙後の一一月一一日に、玉木代表の不倫スキャンダルが発覚したからだ。もちろん、財務省がスキャンダル暴露を主導したという証拠は何もない。私の「スキャンダル発覚の背後に財務省がいる」という見立てに対しても、陰謀説だという非難が寄せられた。しかし、これまでの歴史をみれば、財務省に公然と反旗を翻した評論家やメディアは、私が知る限り、例外なくやられている。税務調査が多いが、その他に窃盗や痴漢などの容疑をかけられて、社会的に抹殺されてきたのだ。

ただ、玉木代表はスキャンダルをとりあえず乗り切ってしまった。一つは、スキャンダル発覚に備えて、周到な準備をしていたとみられることだ。党内から玉木代表の退陣を求める声は生まれず、家族からの批判の声も直接は出なかった。そして、記者会見では、詳細な答弁を記した「想定台本」が準備されていた。

もう一つの理由は、国民の声だ。ＳＮＳの投稿では、不倫を非難する声よりも、「プライベートな問題の追及より政策実現を優先すべき」という声があふれたのだ。

戦略を転換した財務省は、まず大手メディアを使って「一〇三万円の壁引き上げは、七兆円から八兆円もの歳入欠陥をもたらし、財政が破綻する」と否定的な報道を誘導し、総務省経由で全国の知事に「税収減は地方行政のサービスを低下させる」と悲鳴を上げさせた。もちろん具体的指示はない。あくまでも暗黙の共謀だ。そうした共謀には、多くの評論家も参加した。

しかし、減税を求める国民の圧倒的な声に政権は応じざるを得なくなった。一〇三万円の壁引き上げの税制改正が、一一月二二日に策定された政府の経済対策に盛り込まれたのだ。一般国民向けの恒久減税が講じられるのは、小渕内閣の定率減税以来、実に二五年ぶりだ。この四半世紀、国民はずっと増税・増負担にさらされてきたから、まさに潮目が変わる大改革になったのだ。

国民生活の窮状は限界を超えた

財務省は、減税規模を圧縮すべく、猛烈な巻き返しに出た。

一つは、所得制限だ。壁を引き上げるための基礎控除の引き上げを低所得者に限定しようというのだ。ただ、そんなことをしたら、より強固な、新たな壁を作るだけだし、そもそも国民が納得しないだろう。総選挙で国民民主党が議席を四倍に増やすほど圧倒的に支持された理由は、低所得者の減税を求めたのではなく、物価高で苦しむ一般のサラリーマンの手取りを増やして欲しいということだった。だから、基礎控除増額で、一般のサラリーマンを蚊帳の外に置くことは、民意の無視につながるのだ。

財務省が目論む減税規模圧縮のもう一つの方策は、住民税の計算に使う基礎控除を据え置くというものだ。国民民主党が求めている年収の壁を一七八万円まで引き上げる改革では、減税規模が七兆円に達する。そのうち、四兆円は地方税収の減少だから、これを分離し、地方税の基礎控除を据え置くだけで、減税規模を三兆円に圧縮できるのだ。現在でも、地方税の基礎控除は国税と比べて小さく設定されているから、実現可能性は高い。

ただ、そうなると無税で働ける年収を引き上げて欲しいという非正社員のニーズを完全に無視することになる。また、地方税の基礎控除を据え置くと、確定申告をしなければならない国民が爆発的に増えてしまう。

いまの一〇三万円の壁の根拠は、基礎控除四八万円＋給与所得控除五五万円だ。この控除で所得がゼロになるから一〇三万円までは所得税がかからない。一方、地方税の課税最低限は、基礎控除四三万円＋調整控除二万円＋給与所得控除五五万円の合計一〇〇万円となっている。

つまり、現行制度では、年収一〇〇万円を超えると、地方税が課税されることになっているのだ。ただ、私の知る限り、年収一〇〇万円から一〇三万円の人が確定申告をしているケースは非常に少ない。つまり、所得税がかからなければ、わざわざ地方税納税のためだけの申告をしない人が多いのだ。

ところが地方税の基礎控除を据え置いて、所得税の基礎控除を引き上げると、地方税納税のためだけの確定申告が必要となる人が爆発的に増える。金額も大きいので、申告を回避することは難しいだろう。

そうなると、とてつもない事務処理負担が行政にも、国民にも降りかかってくる。税制の三原則の一つである「簡素」が大きく棄損してしまうのだ。

そうしたことを考えると、財務省が目指す減税規模圧縮も、一筋縄ではいかないことがわかる。ただ、一つ確実に言えることは、国民生活の窮乏が、もはや増税・増負担に耐えられないところまできているということだ。

この二〇年間、日本の財政政策は財務省が目指す①増税、②社会保険料の増負担、③社会保障カット、という基本政策どおりに進んできた。その結果、日銀を含む統合政府ベースでは借金を資産が上回り、財政収支も事実上黒字という世界で最も健全な財政状況が実現した。しかし、その裏側で税・社会保障負担率は五〇パーセント近くに達して、国民生活は深刻な状況に陥ってしまったのだ。

このような状況で国民の意識が大きく変わって、もはや増税・増負担一辺倒の政策は通用しなくなっている。一部メディアの世論調査では、減税に否定的な立憲民主党の支持率を国民民主党の支持率が上回っている。ようやく日本の国民が財務省政策にＮＯを突きつけ始めたのだ。

第四章

「投資アレルギー」につける薬

森永康平

特定の政治家に過剰期待することは禁物

日銀と財務省はこれまでずっと経済政策を間違えてきた。失われた三〇年がその証拠であり、今後も間違いを続けるだろう。

そう考える人が増えているのではないか。二〇二四年九月の自民党総裁選は、そう実感する機会だった。

自民党総裁選の候補者の中で、唯一積極財政を提唱していたのが高市早苗氏だったが、その高市氏に期待する声が多く見られたからだ。

ただ、仮に高市氏が総裁選に勝っていても、それで日本経済の問題がすべて解決していたわけではないだろう。

なぜか。高市氏が首相になったくらいでは、現在の政策決定のあり方が大きく変わるとは思えないからだ。

日本の経済政策では、「経済学的に正しいかどうか」「本当に日本経済のためになるかどうか」は二の次で、自民党の中の力関係や、官庁、経団連などとの意見調整が最優先になっている。

安倍元首相の登場で、政府内で財務省の力が後退し、少しまともになった印象もあった。だが安倍氏が亡くなり、黒田東彦《はるひこ》元日銀総裁も退任した現在、昔に逆戻りしたような印象もある。

父は積極財政を主張する高市氏に期待しているし、私も高市氏の主張には賛同している。だが、高市氏に過剰に期待するのはやめたほうがいいとも思う。安倍元首相とは異なり、高市氏が自民党内において盤石な基盤を持っているわけではない。高市氏自身が積極財政を唱えても、党内の力関係で妥協を強いられる可能性もある。

高市氏が総裁になった程度で、先述した政策決定の仕組みが一変する、とまでは思えない。むしろ何も変わらず、いままで通りかもしれない。

これは何も高市氏を始めとする与党議員にのみ当てはまることではない。野党議員も同様だ。二〇二四年一〇月の衆院選で与党が過半数割れの大敗を喫したことも、いよいよ日本国民がこれまでの経済政策の失敗に対して怒りを表した結果と考えていいだろう。野党ながら議席を大幅に増やしてキャスティングボートを握った国民民主党の玉木代表は衆院選後はメディアに露出し続け、もはや石破首相以上に国の顔のようになった。ＳＮＳを見ていると玉木氏に期待する国民の熱量はすごく、年代別の政党支持率では国民民主党が与党の自民党や野党第一党の立憲民主党を上回っている。

特に玉木氏の提案で国民が関心を寄せたものが「一〇三万円の壁」を引き上げるというものだ。具体的には基礎控除の金額を一七八万円まで引き上げるという提案である。この数字には根拠があり、一九九五年の最低賃金が時給六一一円であったのに対して、二〇二四年の全国平均の最低賃金が一〇五四円と一・七二五倍に上がっているため、同様に一〇三万円に一・七二五をかけて一七八万円にしようということだ。

しかし、私はラジオやＹｏｕＴｕｂｅなどで、一七八万円に落ち着けたいのであれば、高めに吹っ掛けなければ一七八万円とはならず、一三〇万円など中途半端な結果に着地させられてしまうと主張していた。キャスティングボートを握っているとはいえ、議席数でいえば与党のほうが圧倒的多数だからだ。しかも、自民党内には手練手管を尽くす魑魅魍魎がいる。要望をそのまま呑むわけがない。

実際、閣議決定をした税制改正大綱では最低賃金ではなく、物価やパート労働者の現金給与総額などのデータを基に一二三万円という金額が書き込まれてしまった。

私は玉木氏の動きは素晴らしいと思うと同時に、外部環境が変わる中で三〇年間も基礎控除の金額をいっさい動かさなかった歴代政権に呆れているが、玉木氏にも過剰に期待することは禁物だと考えている。なぜなら、勝手に過剰に期待して、短期的に思った通りの結果を残さないと、今度は急に失望して異様なほど叩く手のひら返しをする人がＳＮＳを中心に多いからだ。

特定の政治家に過剰に期待することと、短期間で結果を求めることは控えたほうがいい。

これから日米関係は悪化

自民党総裁選は決選投票の結果、石破茂氏が勝利し、その後の首班指名で首相に選出された。

石破氏は衆議院を解散し、二〇二四年一〇月に衆院選が行われたが、結果は自公でも過半数割れと、与党の歴史的な敗北となった。ただ野党が結集して政権交代を目指す気運は高まっておらず、自公が少数与党として政権を担うことになり、石破政権は辛うじて継続が決まった。

ただ、石破氏がこれから長期政権を築く可能性は極めて低いだろう。二〇二五年夏には参院選が予定されているが、早ければそのころには次の首相になっているのではないか。

では次は誰が首相かと言うと、まだ不透明感が強い。一応の候補として茂木敏充氏や、林芳正氏の名前をよく聞くが、世論の支持はイマイチで、仮に首相に就任したとしても、安定政権を築くのは難しいだろう。

とくに林氏は親中派という評価もあるため、ますます政権運営が難しいだろう。もちろん中国としては林氏の首相就任は歓迎だろうが、一方アメリカからすると望ましくないので、日米関係の悪化が懸念されるからだ。

そもそも、日本の首相が誰になるにせよ、アメリカの大統領はトランプ氏になったので、日米関係にとって難しい時代が来るのは間違いない。

アメリカは台湾防衛どころか、日本の防衛すらコミットしなくなる可能性もある。日本としては当然、自国の防衛をもっと真剣に考えなければならないし、その一環として「核兵器の保有」についても議論を始めなければならないだろう。

「植田ショック」は想定内だった

二〇二四年七月に日銀が決定した利上げについて、私は一貫して批判している。ただ、日銀総裁が植田氏に決まった時点で、いずれこうなることは決まっていたのではないか。

日銀の総裁人事は通常、「たすき掛け人事」と呼ばれている。日銀出身者と財務省出身者が交互に就任するのがならわしということだ。

前総裁の黒田氏は財務省出身者で、異次元金融緩和を始めた張本人。日銀の伝統的な考え方とは相容れない人材だ。

「たすき掛け人事」なら、次は日銀側がイニシアティブを取れるので、できれば黒田氏と違う主張の人を選びたい。要するに、日銀としては、異次元緩和の反対、金融引き締めをやってくれる人を総裁に選びたかったということ。

植田総裁は学者出身で、日銀出身ではないため、「たすき掛け」の慣例から外れる人事とされたが、事実上「日銀側」の人材として選ばれたのは明らかだった。

黒田前総裁が行っていた金融緩和策は「異次元」と形容されるものであり、学者出身の植田総裁であれば、教科書に載っていないような異例な政策には嫌悪感を抱き、正常化したがるであろう。そもそも植田総裁は一九九八年に日銀審議委員に就任したことがあり、日銀の仕事や考え方について詳しい。日銀としては、植田氏なら異次元緩和の修正に取り組んでくれると思ったのだろう。

ただ、日銀としても金融政策の正常化によって日本経済が悪化することは避けたい。しかし、それは国民生活を思ってのことではなく、あくまでメンツや責任の所在を気にしてのことだ。「景気が悪化したのは、日銀が異次元緩和の修正を急いだせいだ」と、日銀が批判のやり玉にあげられるのは避けたい。

一時は雨宮《あまみや》正佳前副総裁を総裁にするという案もあったが、雨宮氏が固辞するなど思うようにいかなかった。そんな中で「苦肉の策」として出てきたのが「植田総裁」だったのだろう。つまり、植田総裁が「異次元緩和の修正」に動くのは、当初からの予定通りということだ。

海外に脱出しても助からない

有事にどう対応すべきか、とよく聞かれるのだが、結論を先に言うと、個人で対応するのは難しいと言わざるを得ない。

戦争という社会全体が巻き込まれるような問題に、個人でできることは限られている。物理的な被害を避けたいのであれば、できるだけ資産を作っておいて、いざという時には海外に脱出できるよう準備しておく、くらいではないだろうか。

実際、国連の推計によれば、ウクライナ紛争で国外に脱出したウクライナ人は二〇二四年一〇月の時点で六七五万人にも上るとされている。

ただ、国外に脱出しても、有事が発生しなければムダな移動になってしまうし、脱出先の国がやはり有事に巻き込まれれば意味がなくなってしまう。

近年、富裕層の移住先としてシンガポールが人気だった。税金面で有利で、インフラも近代的、英語が通じるなどさまざまな利点があったからだが、台湾有事に備えての移住先としては不安も残る。

シンガポールに限らず、東南アジアにはいわゆる華僑の人が多い。華僑イコール中国人ではないが、中国の影響を受けやすい地域であるのは事実なので、台湾有事が発生した場合のリスクヘッジにはならない可能性があるだろう。

そういう意味では、安全な脱出先はアメリカかヨーロッパということになるだろう。ちなみに私は海外生活の経験もあるが、何が起きても日本で一生を終えたいと思っている。我が子がどう思うかは現時点ではわからないが、我が子も同じ意見を持てるような日本であってほしいと願っている。

「有事の金」に脚光

有事になれば「投資で資産を増やす」どころではなくなる。

現在出回っている資産運用のハウツーの大半は、平和な生活が続く前提の話だ。戦争が起きた場合はまったく考慮されていない。

資産をすべて日本円で持つのは、有事に際してのリスクを高める行為だろう。

一定程度は外貨を持っておくとか、アメリカ株など外貨資産を保有するなど、資産の分散が有効だと思う。

また、金《きん》への投資も資産保全の上では有効な選択肢だろう。

「有事の金」とも言われるように、地政学リスクが高まると金の価格は上がるとされている。

一方、同様の理由で「有事のドル買い」も有効とされていたが、ドルの先行きには不安も漂っている。

いわゆるグローバルサウスの諸国が力を付けつつある中、貿易決済などにおいて「脱ドル」を進めており、基軸通貨としてのドルの力が落ちていると指摘されている。

かつて、貿易の決済はすべてドルで行う必要があり、そのために世界中の国は決済用のドルを保有しておく必要があった。だが、ドルの代わりに人民元や、その他現地通貨での決済が少しずつ増えてきており、各国がドルを保有する必要性が薄れてきている。

代わりに新興国の中央銀行が買っているのが金だ。まだ議論がなされた程度ではあるが、ＢＲＩＣＳ諸国でいわゆる「金本位制」に基づく共通の決済通貨を導入するという構想もあり、足元では新規に採掘された金の三分の一近くを新興国の中央銀行が購入している。

二〇二二年三月以降、アメリカのＦＲＢがインフレ対策として金利を引き上げたことで、アメリカの株価は大きく下落したが、その中でも金価格は上昇を続けていた。教科書的に言えば、金利が高い時は金投資の魅力が下がり、金価格は下がるとされているが、高金利下でも続いた金価格の上昇は「ミステリアスラリー」と称された。その背景として、こうした新興国による金買いがあったと思われている。

そういう意味でも、不確実性が高い時代には、資産の一部を金にしておくのがいいかもしれない。

インフレ対策としても、金投資の意義が高まっている。地政学リスクが高まれば、物資の供給が不足し、インフレが進む可能性が高まるだろう。そうなると、金の価格もますます上昇すると考えられる。

株価は歴史的な割高

このように、有事を想定した投資スタンスをとる必要はあるだろうが、父が言うように「いますぐ投資から撤退すべき」とまでは考えていない。

そもそも、投資するかしないかを決めるのは各個人であり、各々が儲かると思うならやればいいし、損をすると思うならやらなければいい。国や他人がそれについてどうこう言う筋

S&P500のCAPEレシオの推移

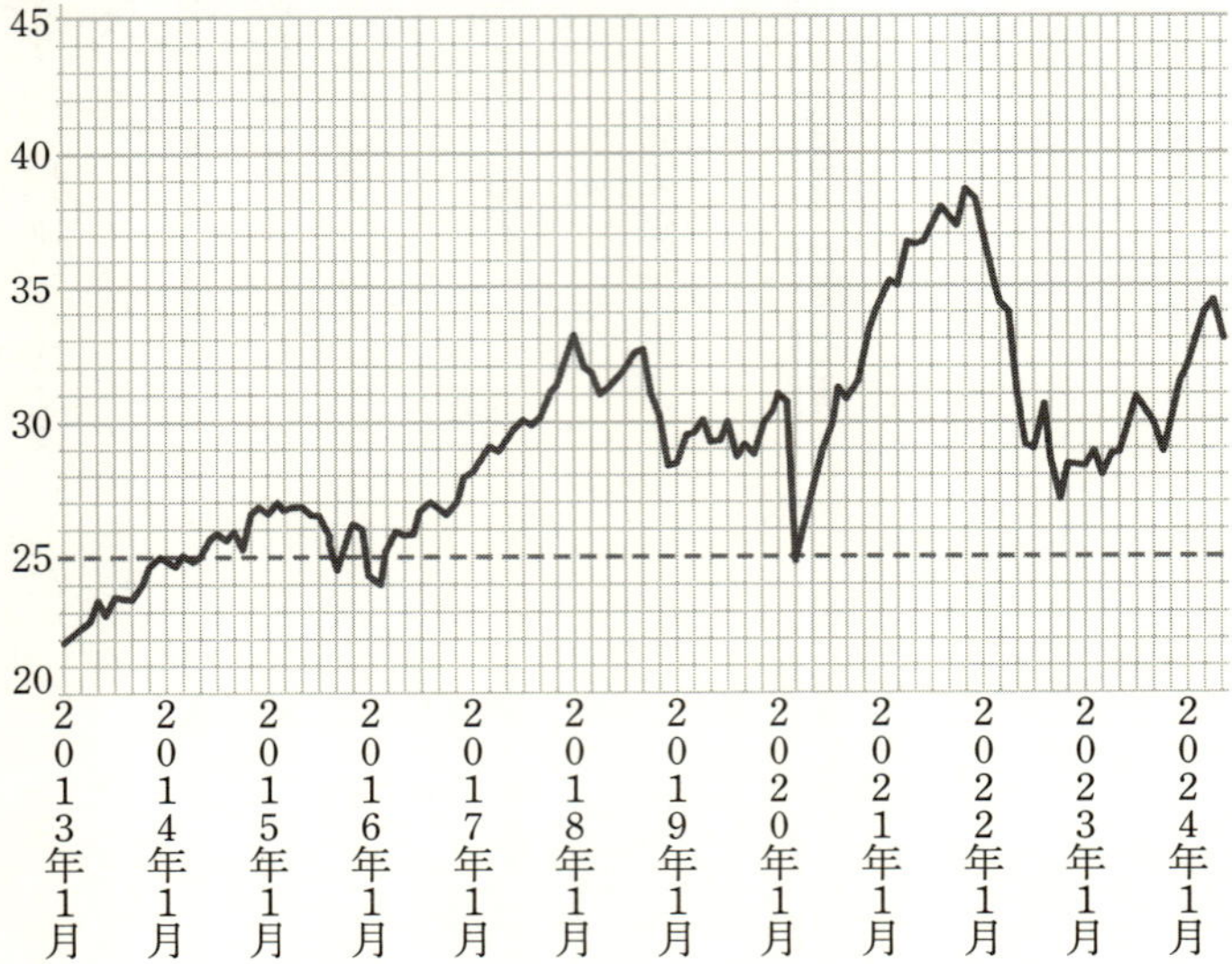

出所　株式マーケットデータ　https://stock-marketdata.com/cape00top.html
（『投資依存症』〔三五館シンシャ〕より）

合いはない。

父はいくつかの指標をあげて「現在の株式相場は割高」だと指摘している。

その一つに、ノーベル経済学賞を受賞したロバート・シラー氏が開発した「ＣＡＰＥレシオ（シラーＰＥＲ）」がある。企業の利益を物価上昇の影響を加味したうえ、一〇年移動平均にしたもので、より正確に割高感がわかるとされている。

アメリカの株価指数「Ｓ＆Ｐ５００」のＣＡＰＥレシオの推移を見ると、二〇一四年六月以降、バブルの目安とされる二五を超えた状態が一二〇ヵ月以上継続しているという。

また、伝説的な投資家として知られるウォーレン・バフェット氏が作ったという、「バフェット指数」もある。

バフェット指数とは、株価市場全体の時価総額を名目ＧＤＰで割ったもの。目安として一〇〇を超えると株価は割高と判断されるが、いまアメリカ株のバフェット指数は二〇〇に達している。つまり、あるべき水準の二倍に達しているということだ。

これらの指標によれば、いまの株価水準は割高ということになる。

暴落を予想することはできない

父は「これから暴落が来るから投資は危険」と言うが、暴落を前もって当てることは至難の業だ。その当たるかどうかわからない予想を基に投資するかどうかを決めること自体、非常にリスクの高い投資手法ではないだろうか。

人によっては「暴落は買い場」と思うだろうし、「空売りで儲けよう」と思う人もいるかもしれない。そもそも、株式相場が暴落する際、前述の金や債券などは逆に買われて値上がりする可能性がある。こうしたものを買っていれば、暴落時にも利益を得ることができるかもしれない。

ただ、今後も長期でみれば株式市場は拡大し続け、代表的な株価指数は上昇し続けるという想定が持てなければ、普通は株式投資を始めようとは思わないだろう。「これから株式相場が長期間下落する」と予想しているのに、全力で株を買うのはナンセンスな行動だ。

そもそも、繰り返しになるが、今後相場がどうなるかを予想するのは困難なのに、「これから暴落する」と決めてかかること自体がハイリスクであるように思う。

父に限らず、多くの論者が「いまの株価は割高」と訴えている。ただ、それらの指摘が間違っているというわけではないが、「だからいま投資すべきでない」とする理由としては弱いのではないか。企業が稼ぐ利益が増えれば、株価指標でみた割高感は解消される。

また、たとえば長期積立投資であれば、短期的な値動きを気にせず、毎月決まった額を買っていくことになる。そういう投資スタイルであれば、「いまは高いから買わない」や「いまは安いから買う」といった判断をすること自体が間違いだ。

そうではなく、スポットで投資している場合、割高な商品を避け、割安な商品を買うだけの話であり、仮に株が割高だと思うなら、それこそ債券や金を買ってもいいわけだ。

新NISA反対派の「投資アレルギー」

二〇二四年から始まった「新NISA制度」についても批判論があるようだが、投資をやると決めたのなら、新NISAをやらないという判断はナンセンスではないだろうか。

NISAは投資に際して非課税枠を設定する制度に過ぎないので、もともと投資をする予定だった人からすれば、合法的に税金を納めなくてよくなるのだから得ではある。もちろん、新NISAは「非課税枠の上限が設定されている」とか「損益通算ができない」といった点もあるが、それを気にするのはある程度資産のある人だろう。

なので、「新NISAをやるな」という意見は、ほぼ「そもそも投資自体やるべきでない」という意見なのだろう。

おそらく、一九九〇年代の「バブル崩壊」を体験した世代は、「投資は怖い」と思いがちなのかもしれない。

父の場合も社会人になってからバブル崩壊を経験しているので、相場の過熱やその後の下落相場についての危機感を強く持っているのだろう。

また、父はマルクス経済学についても研究していたので、投資家ばかりが得をする、「マネー資本主義」全盛の現状についても問題意識が強い。

ただ、一方でこの一〇年くらいは日本でも株価指数は実際右肩上がりだったので、特に若い世代を中心に積極的に投資したいという人が増えている。

そもそも、今後もインフレが続くのであれば、現金の価値はどんどん目減りしていくので、何らかの資産運用をしなければ維持できない。

インフレ率が年三パーセントなら、何もしなければ現預金の価値は同様に三パーセント目減りしてしまう。逆に、現預金の価値が下がる反面、株や金などの価値は上がりやすいので、投資家にとって追い風になる。

かつてと違う状況が生まれているわけだ。

デフレ経済下では、物価が下落する分、何もしなくても現預金の価値は上がっていった。だからリスクを取って投資する必要性が低かったわけだ。

なので、インフレをヘッジするという意味でも、投資をする必要性が高まっており、その意味では新ＮＩＳＡをやらない理由を見つけるのが難しい状況になってきている。

インフルエンサーの情報に気を付けよう

投資するかどうかは、将来をどう見ているかという視点と関係がある。

「日本も世界もこれから経済成長を続けていく」と思うなら、資産の一部を株式市場に投じるべきだし、「これから経済は破綻する」と見ているなら、投資すべきでない。

父のように、「これから資本主義は崩壊する」と見ていて、「投資はやめろ」と言うのは、整合性が取れていて、その点では論者として信用できると思う。

しかし、実際には父も投資をしていたわけで、大暴落を見越して資産の大半を売却したとはいえ、結果としては投資で利益を得ているので、その点は言行一致の観点では矛盾をしているとも思う。

ただ、書店やＹｏｕＴｕｂｅを見てみると、曖昧な根拠から「これから大暴落が来る」と言っている人も多数いる。

そもそもメディアでは、「日本経済はダメだ」といったネガティブな意見のほうがなんとなく賢そうに見える。一方、「何も問題はない、これからどんどん良くなる」というポジティブな意見は、ややバカっぽく見えてしまう。また、危険や不安を煽ったほうが関心を集められるという理由もあるのだろう。

そういうバイアスもあって、論者はどうしてもややネガティブな言い方をしがちだ。ただ一方、極端に楽観的な見通しで耳目を集めようとするインフルエンサーもいる。特に投資の世界では多い。

父や私も含めて、他人の意見はあくまで参考にとどめて、最終的な判断は各自が行うことを徹底すべきだろう。

「S&P500」「オルカン」だけでもいい

新NISAのつみたて投資枠で買うべき商品として、「S&P500」や「オルカン」がよく言及される。

これら二商品に資金を集中するのはリスクが高い、という意見もあるが、私は多くの個人投資家の場合は気にする必要はないと思う。

デイトレーダーや専業投資家なら、個別銘柄を選別したり、あるいは短期的な値動きを追うこともできるだろうが、多くの人は仕事をしながら、資金の一部を運用しているに過ぎない。そうした場合、投資の勉強に割ける時間も限られているだろうし、「ある程度簡単で、かつ安全」な方法を取るしかない。

そういう人におすすめな投資手法が、いわゆるインデックスファンドの長期積立投資だ。長期積立投資でどのファンドを買おうかという場合に、過去の運用成績から考えて、米国株中心のファンドを選択するのは当然の判断だろう。「S&P500」や「オルカン」はインデックスファンドであり、組み入れ銘柄は定期的に見直されているので、下落のリスクもある程度限定されている。それに運用コストも低く設定されているので、初心者におすすめできるファンドとして、人気が集まるのは当然だろう。

インデックス投資は単に簡単なだけでなく、「最も儲かる方法」でもある。

一九七三年に刊行された『ウォール街のランダム・ウォーカー』(日本経済新聞出版)という投資の名著があるが、この本は「株式相場が上がるかどうかは完全にランダム」であり、「上がるかどうかを予想することはできない」としている。

相場が上がるかどうかを知ることは不可能なので、普通に投資していても「絶対に儲かる」ことはなく、儲ける難易度は高い。唯一リスクと難易度を抑えて儲ける方法は、「いろいろな銘柄に分散投資するインデックスファンドに長期積立投資すること」だ、というのがこの本の主張だ。

実際、「投資の目利き」が銘柄を選んで買う「アクティブファンド」の成績はたいてい「株式指数に合わせて買うインデックスファンド」に劣る、と言われる。

もちろん、インデックスファンドを超える成績をあげているアクティブファンドも存在している。だが、「何も考えずインデックスファンドに積立投資する」ほうが儲かることが多いわけだ。

値動きを気にすると損をする

長期積立投資を成功させるコツは、「相場を見ない」ことだ。

私はよく「積立投資の設定をしたら、スマホからアプリを消去してください」と言うのだが、値動きを気にせず淡々と機械的に買い続けることが、成功のカギになる。

台湾有事で相場が暴落する可能性について触れたが、その場合でも、長期積立投資をやめてはいけない。

相場が下がっても、それは一時的なもの。むしろ下がった時に買った分は、相場が戻れば大きく利益が乗る。

むしろ、下がった時だけ個別株投資に切り替えると、損をしてしまう可能性が高い。瞬間的な暴落なのか、下落局面に突入したのかを見極めるのは非常に難しいからだ。

また、台湾有事が発生してこれから下落相場が始まる、となって、これまで積み立てたファンドを全部売ってしまうのも、長期積立投資の方針に反する。

戦争になったとしても、その後どう事態が推移していくかは誰にもわからない。すぐ終戦となり、逆に相場が上がっていくこともあり得るだろう。

とにかく何が起きても、設定した期間はずっと買い続けることが必要だ。

もちろん、投資や金融、経済に精通している人は、もう少し精緻に暴落を予想できるかもしれない。その自信があるなら、長期積立投資ではなく、スポットで買っていくほうがいいだろう。

ただ、ほとんどの人は、そこまで投資に時間をかけられない。だから、長期積立投資を設定して、あとはずっとそのまま放っておく、というスタイルのほうが成功しやすいはずだ。

変にニュースを気にしたり、相場の動きを見てしまうと、どうしても売買したくなってしまう。

二〇二四年七月から八月にかけて、日銀の金利引き上げをきっかけに日経平均が大きく下がり、「植田ショック」と言われた。また九月に石破茂氏が自民党総裁選に勝ち、緊縮的な政策が実施されると見て日経平均が下がったので、「石破ショック」と呼ばれたが、こうした下落にびっくりして、すべて損切りして投資をやめてしまう人がたくさんいたはずだ。

だが、そういった短期的な値動きは無視して、とにかく長期間買い続ける、という投資を貫けば、最終的に成功する可能性は高くなる、ということだ。

いわゆる「つみたて投資」は個人投資家の最大公約数的な投資の最適法と考えてほしい。

初心者は個別株に手を出すな

新ＮＩＳＡには個別株投資も可能な「成長投資枠」もある。

この成長投資枠を活用し、大型の高配当株などを持っておくのも悪くない投資だと思う。

たとえば二〇二四年一〇月に上場した東京メトロは大型上場として話題になったが、配当は初値ベースで三・三パーセントあった。これくらいの配当の株を長期で持っておけば、足元のインフレ率以上の利益を確保できる。東京メトロくらいの経営規模ならそうそう潰れはしない。もちろん保有期間中に株価が下落すれば、その限りではないことは言うまでもないが。

ただ、基本的に投資上級者以外は個別株には手を出さないほうがいいと思う。個別株は大きく値上がりすることもあるが、一方、何の前触れもなく暴落することもある。

たとえば東日本大震災以前に、東京電力が経営危機に陥るなど誰も予想していなかった。JALもかつて経営危機に陥っているが、多くの投資家にとって寝耳に水だった。JALのような大企業が経営破綻するなど、誰ひとり予想していなかったわけだ。

こうした点でも、インデックス投資のほうがおすすめできる。日経平均株価や、S&P500といった株価指数に採用されている企業が、全部同時に破綻することはあり得ないし、そもそも構成銘柄は常に入れ替えられているため、問題が発覚した企業は外されていくからだ。

専業投資家として終日チャートに張り付いていられる人以外は、極力個別株をやらないほうが安全だろう。

レバレッジをかけてはいけない

投資のリスクを下げるためには、資金管理を徹底することも重要だ。

とくに、生活に必要な資金を投資に回すことは絶対避けたほうがいい。余剰資金を投資している分には含み損が出ても耐えて値上がりを待つことができるが、生活に必要な資金を投資に回すと、損切りせざるを得ないからだ。

また、「リスクを取る投資は余剰資金の◯パーセントまで」、とあらかじめ決めておけば、損失が大きくなることを避けられる。

高レバレッジの投資をしないことも重要だ。

レバレッジとは「てこ（レバー）」から来た言葉で、投資において借り入れなどを利用して自己資金より大きな金額での投資を行うことを指す。

いわゆる「ＦＸ（外国為替証拠金取引）」では最大二五倍までレバレッジをかけられる。つまり自己資金の二五倍の取引が可能ということだ。

よく「ＦＸは危険」と思っている人がいるが、ＦＸ自体は特に危険な取引ではない。危険なのは「レバレッジをかけた取引」だ。

株でも自己資金以上の金額を取引できる「信用取引」の仕組みがあるが、こうした仕組みによってレバレッジをかけると、少ない資金で大きな金額を動かすことができるので、うまく使えば大きな利益を得られる。

だが、逆に少しの値動きが大きな損失につながることも多く、非常にハイリスクな投資だと言える。

基本的に普通の投資家は極力レバレッジをかけてはならない。レバレッジをかけた瞬間、「投資」ではなく「ギャンブル」になる。

中には「五倍くらいまでの低レバレッジなら大丈夫」と主張している人もいるが、私はおすすめできない。

たしかに、資金量をきちんとコントロールしていれば、リスクをある程度抑えられるはずだが、先ほど書いたように、レバレッジ投資はギャンブル性が高くなるので、メンタル面のコントロールが難しい。

「低レバレッジ限定」と決めていても、投資がうまくいって味をしめると、高レバレッジに手を出してしまいがち。そのあたり、レバレッジ投資が持つ中毒性、依存性は、ギャンブルや麻薬とよく似ているかもしれない。

余計なリスクを負わないために、そもそもレバレッジはかけない、と決めておくほうが安全だろう。

サラリーマンは不動産投資に手を出すな

手堅い投資として、「不動産投資」に興味がある方も多いだろう。

父もあちこちで主張しているが、いま東京など大都市圏の不動産価格は非常に高くなっている。都内では新築マンションの平均価格が一億円を超え、中古でも八〇〇〇万円を超えるなど、一般的な世帯が易々と購入を検討できる価格ではなくなっている。

現状は「不動産バブル」かどうかさまざまな議論があるが、私は都心部の不動産についてはまだまだ値上がりするように思う。

ただ、日本全国どこでも不動産価格が上昇するかというと、そうはならない。都心部の人気物件など、投資家が殺到するような一部の「勝ち組物件」を狙わないと、値上がりを期待するのは難しいと思う。

たとえば同じ虎ノ門でも、道路のこちら側と向こう側で価格の上昇率が全然違ったりしている。都心部でも値下がりが始まった物件もあるので、「値上がりする物件」を目利きしなければならない。

安易に「不動産投資は儲かる」と考えて、うっかり「負け組物件」をつかんでしまうと、大きな資金が拘束されるだけでまったく利益が出ない、ということになりかねない。

一時、「ワンルーム投資」がブームになったが、ワンルーム物件で値上がりを期待するのはかなり困難ということがわかり、一気に冷めていった。

ただ、逆に言えば、きちんと目利きできるなら、不動産投資はかなり堅実な投資になるはずだ。

しかし、問題になるのは、投資をするにあたって多額の資金が必要な点だ。

投資家が殺到するような「勝ち組物件」は、現時点でもかなり値上がりしているので、買うとなると相当な金額が必要になる。

そのため一般の人だとなかなか買えないので、購入者は富裕層ばかりということになってしまう。そういう意味で、不動産投資は格差のブースト装置かもしれない。

ちなみに、「ＲＥＩＴ（Real Estate Investment Trust、不動産投資信託）」であれば資金があまりない人でも買うことができる。

「ＲＥＩＴ」とは、投資家から資金を集めて、不動産に投資する一種のファンドだ。国内のＲＥＩＴは金利引き上げを嫌気してかなり割安水準にあり、利回りが五パーセント以上という商品もあるので、これに投資するのも一つの手かもしれない。

ただ、不動産がこれだけ高くなっているのに、ＲＥＩＴが割安なのは、プロの投資家からあまり評価されていないことを表している。単に割安だというだけで飛びつくのではなく、ＲＥＩＴの中身をしっかり確認してから買うべきだろう。

第五章

なぜ金融業界は詐欺師ばかりなのか

森永卓郎

金融業界がやっている「三つのグレーなビジネス」

息子の康平は外資系の投資銀行（金儲けのためなら何でもする金融機関）で働いた経験を持っているが、私は投資銀行の人とはこれまであまり接点をもってこなかった。

最近になって投資銀行の人との付き合いもできたのだが、話を聞いているといろいろと考えさせられた。

投資銀行と聞くと、ものすごく優秀な人材が集まっている、というイメージを持つ人もいるかもしれない。理系の大学、大学院を優秀な成績で出ていて、数学に精通し、金融工学を駆使して高度な金融商品を開発したり、顧客に高付加価値の商品を提案している、といったイメージだ。

ただ、実際に投資銀行の人に会ってみると、良くも悪くも普通の人で拍子抜けした。高度な数学知識を持つ人などほとんどいないのだ。

そもそも、話を聞く限り、彼らのビジネスモデルは非常にシンプルで理解しやすいものだった。

要は、彼らは次の三つをやっているに過ぎない。

一つ目は「相場操縦」だ。マーケットに介入し、自分たちが儲かるような相場を作っている。

二つ目は「M&A」。会社を買収し、転売して利益を出す。

三番目は、いろいろなデリバティブ取引を活用して、「低リスク高利回り」をうたうインチキ金融商品を販売すること。

一についてはもちろん法律に触れない範囲でやっているわけだが、誰が見てもグレーな仕事だろう。二についても、M&Aが本当に経済の役に立っているかどうか疑わしいと私は考えている。もちろん、経営が悪化した会社を買収し、そこに資本やノウハウを注入して再建することはあり得る。ただ、いわゆる「外資系のハゲタカ」は、そんな面倒くさいことはやらない。バラバラに解体して転売するだけだ。

三つ目についても、「低リスク高利回り」は名ばかりで、実際には「ハイリスクハイリターン」商品だ。リーマン・ショックはこうしたデリバティブ商品の暴落がきっかけになったので、こうした商品を売ること自体、経済を不安定にする行為だろう。

要するに、三つともろくなビジネスではないということだ。

いわゆる「ハゲタカ」の仕事は、ひと言で言えば詐欺そのものだ。「非常に優秀なエリート集団」というのも嘘だし、ビジネスモデルも詐欺。結局、「ハゲタカ」だけが儲かるようになっているわけだ。

竹中平蔵氏は何をやったのか

「ハゲタカ」はとにかく高収入だ。三〇代で億単位の報酬を得る場合もある。その億単位の報酬を何に使っているかというと、実のところ大したことに使っていない。高級レストランで高級ワインを飲むとか、愛人を作る、高級外車に乗る、クルーズ旅行に出かけるとか、そんなところだ。

日本ではあまりないが、海外の投資銀行では、ドラッグに手を出す人間もいると聞く。要するに、くだらない人間ばかりだということだ。

そういう人間として微塵も尊敬できない、教養のかけらもない人間たちが、高い報酬を得ているのみならず、政府に接近して政策決定に影響を及ぼしているのだ。

これがいまの日本の偽らざる姿なのだが、こうした実態はまだまだ知られていない。秘密保持契約を結んでいるため、見聞きしたことを喋ってくれる人がいないせいだろう。

私は小泉政権下で竹中平蔵氏が断行した不良債権処理の一部始終を知っているが、当時、外資系の投資銀行、いわゆる「ハゲタカ」はインチキばかりやっていた。金融庁と手を組み、日本の銀行業界を追い詰めるほうに加担していたのだ。

栃木県の足利銀行は二〇〇三年に破綻している。私はその時、たまたま所用があって足利銀行を訪ねていたが、行員に聞くと、金融庁がいきなり乗り込んできて、片端から不良債権認定していったそうだ。融資先のゴルフ場をゴールドマン・サックスに売却する計画も周到に準備されていたという。

金融庁は「ハゲタカ」とグルだった。金融庁が不良債権だと認定した資産は、二束三文で猛烈なスピードで売却されていった。要するに「出来レース」だったわけだ。

外資系投資銀行が「ハゲタカ」と呼ばれるようになったのは、こうした経緯によるものだ。

竹中平蔵氏が進めた「不良債権処理」とは、マグロの解体ショーのようなものだった。「不良債権を大量に抱える、倒産寸前の会社を整理した」というよりは、「健全に経営している会社まで潰してハゲタカに売り渡した」と言うほうが正しい。腐ったマグロを処理したというより、美味しいマグロを切り売りしたので、「ハゲタカ」とそのお友達だけが美味しい思いをしたわけだ。

とくに狙われたのは、資産をたっぷり持っていた建設、流通、不動産業だった。

ハゲタカと政府は癒着している

私が大学を卒業したのは一九八〇年だが、そのころの日本は世界でもっとも外資系企業が少ない国だった。だが、いまや日本でも外資系企業ばかりになってきている。都心のビルを見ても入居しているのは外国企業ばかり。政府も外資を規制するどころか、積極的に誘致している。

最近、政府が「政策保有株はダメだ」と言い出したが、また日本企業を外資に売り渡すのではないかと懸念している。

政策保有株とは、大企業が付き合いで持っている株のこと。日本には関係の深い会社同士で株を保有しあう慣習があったが、これは投資ではなく、経営の安定が目的だった。ハゲタカに株を買い占められないように、日本企業同士で株を持ち合っていたのだ。

ただ、いまになって、「不効率な慣習だから政策保有株は売りなさい」と言い始めた。要するに、ハゲタカが日本企業を買いやすくなるということだ。

結局のところ、日本でハゲタカが跋扈しているのは、政治と癒着しているからだ。

中央官庁の政策を議論している審議会のメンバーを見れば、グローバル企業関係者や、彼らとビジネスでつながっている論者ばかりがズラッと並んでいる。

こうした仕組みを通じて、ハゲタカの意見ばかりが政策に拾われる。その一方、国民の意見はまったく反映されない。

日本がダメになるのは当然というべきだろう。

日本の政治家はなぜ馬鹿なことを言うのか

日本の政治家は、急に馬鹿なことを言い出すことがある。政治家たちの感覚が、一般庶民の問題意識とずれてしまっているのだ。

そのことを象徴するのが、静岡県の川勝平太元知事の暴言事件だった。

二〇二四年四月、川勝元知事が県庁職員に「毎日野菜を売ったり、牛の世話をする仕事とは違い皆さんは知性が高い」などと発言して辞任に追い込まれたが、そうした発言が出てくるのは、富裕層やエリート層とばかり付き合っていて、現場を知らないことが原因だろう。

私は農家の仕事も、県庁職員の仕事も、どちらもやったことがあるが、農家のほうがはるかに知的な作業をしている。

農業が相手にするのは大自然だ。だから、農業ではいつ何が起きるかまったく予想がつかない。

私の畑はそんなに広くはないが、それでも毎日が「自然との戦い」だ。風や大雨は日常茶飯事だし、虫や病気も襲ってくる。カラスやタヌキ、アライグマといった害獣もやってきて、作物を食べていく。農業とは、ありとあらゆる敵との知恵比べにほかならない。

とくにカラスは頭がいいので、スイカにカラスよけのネットをかけていても、地面に頭を突っ込んでネットを持ち上げ、隙間から侵入して食べていく。しかも、スイカが一番おいしいときを狙ってやってくるのだ。

日本の法律では、勝手にカラスを殺してはいけないことになっている。だからカラス対策としては追いかけ回して追い払うしかない。

私の場合、農業一年目にできたスイカは、ほとんどカラスに食われてしまった。二年目はかなり追い払ったが、三年目はカラスがリベンジする番だった。どんどん知恵をつけていくので、追い払うだけでもひと苦労なのだ。

対する県庁職員の仕事といえば、先を予想できる単純作業が中心だ。上司の顔色を窺い、ルーチンワークをこなしているだけの職員も多いだろう。そんな県庁の人間に、農家を馬鹿にする権利があるとは思えない。

そもそも県庁職員が食べていけるのは、農家が食料を作ってくれるおかげだ。自分は誰のおかげで食べていけるのか、一度考え直したほうがいいのではないだろうか。

岸田元首相愛用の料亭には「一メートルの錦鯉」

政治家が現場を知らない理由は、結局彼らが東京に住んでいることから来ている。地方の選挙区で選出された国会議員でも、普段は東京に住んでいる。赤坂に豪華な議員宿舎があるが、あれはまさに「港区のタワマン」そのもの。しかしながら、入居している政治家たちは月一二万円程度の家賃しか払っていないという。そこに住んで、飲み食いするのは銀座や神楽坂の高級店ばかり。そういう都会ならではの贅沢な生活を送っているので、地方の利益の代弁者どころか、金銭感覚も庶民とはかけ離れてしまっている。

私は以前、ある企業にお願いして、岸田元首相が愛用しているという料亭に連れていってもらった。お座敷の前に池があって、一メートルもあろうかという錦鯉がたくさん泳いでいた。もちろん料理は着物を着た女将さんが取り分けてくれる。

正直言って、呆れてしまった。こんな贅沢な暮らしをしていたら、庶民が政治に何を求めているかわからなくなって当然だろう。

日本の政治を一手に動かしているのは、こういう人の集まりなのだ。この構造が日本の問題を深刻化させている。

現代の日本社会の根本的な病理とは、「大都市依存症」に冒されている点にある、ということだ。

日本の人口の約六割はいわゆる「太平洋ベルト地帯」、とくに東京・大阪・名古屋の三都市に集中して住んでいる。付加価値で見れば日本経済の約八割がこうした大都市圏に集中している。

だが、大都市にばかり人口が集中すると、家賃が上がり、生活コストが非常に高くなる。そのため、その高いコストを賄えるくらいの高収入を得なければ、大都市に住むことはできない。

つまり、大都市圏の住人は、所得を必死に増やしていかなければならない宿命にあるということ。

そのため、人間の尊厳を売り渡して意に染まない仕事をしなければならないし、他人を騙して稼ぐことも必要になってくる。とにかくみんなそうやって必死に稼ぐので、大都市圏の経済の「規模」だけはどんどん発展していく。

しかし、どれだけ技術が発展しようとも、大都市に住める人口には限りがある。いずれどこかのタイミングで「東京の人口はこれ以上増やせない」という限界に直面してしまう。そこが発展のピークであり、その瞬間から東京の衰退が始まる。

東京をはじめ大都市圏が衰退を始めたなら、日本経済全体も衰退していくだろう。「経済はずっと発展していく。株価は右肩上がり」だから「投資すべき」という考え方には、こういう落とし穴があるということだ。

そもそも、「高い生活コストを払うために、もっと稼ぐ必要がある」という考え方自体が根本的に間違っている。稼げないなら、生活コストを下げるという方法があるからだ。

つまり、「地方に住んで生活コストを下げる」ことで生活は豊かになる。

コロナ禍以降の三年間、私は「一人社会実験」を続けた。それまでは東京で過ごすことがほとんどで、埼玉・所沢の自宅に帰るのは週末に限られていたが、コロナ禍を境に、所沢での暮らしがメインになり、東京にはほとんど行かなくなった。

また、できるだけ自給自足する生活をはじめた。農業を始め、電気は太陽光パネルで発電している。水も自給するため井戸を掘ろうとしたが、水源が深すぎて無理だった。

ただ電気と食料の自給だけでも、生活費は格段に安くなった。すると、カネのために無理して働く必要がなくなるので、もっと自分のやりたいことに時間を使うことができる。ギャンブル性の高い投資を無理にやる必要もない。

私はこうした生き方が、近いうちにスタンダードになると考えている。

ＡＩの普及で地方が活性化する

コロナ禍以降、リモートワークが普及したことで、「地方に住んで生活コストを下げる」という生き方のハードルが下がっている。

かつてはリモートでの仕事など考えられなかったので、無理をしてでも東京に住むしかなかった。だが、いまでは私もリモートでの仕事がメインになり、むしろ「都内に出て対面で仕事」という場合は、追加のギャラを要求している。そうすると対面での仕事は減るが、一〇人に一人ぐらい「それでも対面で」という場合もある。ちなみにリモートの仕事は以前よりも格安で請けているので、一方的に高いギャラを吹っかけているわけではない。

ちなみに、今後ＡＩが普及すると言われているが、人間の知的労働のうち、単純な労働はＡＩが代替するようになるかもしれない。

そうなると人間は「ＡＩにはできない仕事」だけをやることになる。そうした仕事の代表といえるのがクリエイティブな仕事だ。ＡＩに仕事を奪われたくなければ、みんなアーティストになるしかないのである。

アーティストとして仕事をする場合、都心に住む必要がない。だから、ＡＩが普及すれば、アーティストが増え、東京より地方に住むようになる。つまり「大都市中心」の経済構造は今後変わっていく可能性が高い。

田舎暮らしは最高のエンタメ

都会に住んでいるととにかくお金がかかる。家賃や物価の高さもあるが、休日にテーマパークに行ったり、記念日に一流レストランに行ったりしているとお金がどんどん減っていく。お金がたくさん必要だから、意に染まない仕事でもやらざるを得ないし、それでも足りないから、投資がギャンブルに過ぎないと知りつつも、投資にのめり込んでしまったりする。

一方、田舎に住めばお金がかからない。私が住んでいる埼玉・所沢のあたりには一流レストランはないし、エンタメといえば公共ホールでやっているコンサートとか、西武園ゆうえんちくらいだ。

でも田舎暮らしは楽しくないでしょうとよく聞かれるが、そんなことはまったくない。むしろ逆で、田舎暮らしはとても楽しい。

空には雲が流れていて、いつでも最高の景色を楽しむことができる。畑に出れば鳥や動物がやってくるし、いろんな昆虫や植物を見ているだけでも飽きない。都会の生活よりこっちのほうが断然いい。

田舎暮らしを楽しむにはコツがいるのも事実だ。ある程度教養を身につけ、文化に親しんだ経験がないと、田舎に飽きてしまう。逆に、教養があり、文化に親しんでいる人にとっては、田舎は天国だ。お金をかけなくても、毎日楽しく暮らせるのだから。

ある意味、テーマパークや一流レストランといった都会の娯楽は、化学調味料のようなものだ。都会の娯楽にも魅力はあるが、ほぼ例外なくお金がかかる。楽しめるようにあらかじめコストをかけて準備しているから、楽しくて当然なのだ。

逆に、化学調味料を使わないなら、ちゃんとだしを取るとか、技術や手間をかけることが必要になってくる。それが教養であり、文化だということだ。

私はいま寓話の執筆を続けていて、一日一話のペースで書き進めている。寓話集の第一巻は、すでに発刊された。

寓話とは、教訓を得られるような短いお話のことだ。代表例としてイソップ寓話がある。

寓話を書くという作業は、とてもクリエイティブで面白い。人間の本質、あるいは倫理観、死生観、社会観を描く作業だからだ。しかもお金はかからない。

ギャンブル性の高い投資にのめり込んだり、詐欺師のように人のお金を奪うことばかり考えるのはやめたほうがいい。それより、イソップを超える寓話を書こうとか、そういうクリエイティブなことを人生の目的に据えるほうが楽しいわけだ。

コメ農家は時給一〇円で働いている

農業は大変だが、その分、やりがいも大きい。頭を使うし、身体も動かす。誰かの命令に従う必要がないので、人間的な働き方でやれるところも魅力だ。

実は農業を始めるまで、私は野菜があまり好きではなかったのだが、自分で作った野菜の味は格別だ。スーパーで売っている野菜はあまり味がしないが、自分で作った野菜は、「大地の味」がするというか、風味が強い。

日本はもっと手作りの野菜を増やしたほうがよいと思うが、政府は自給自足を中心に据えようとはまったく考えていない。

政府が興味を持っているのは「スマート農業」、要するにAIやドローンで、デジタル化した効率的な農業を普及させたいのだ。効率化と機械化によって、農業の担い手不足を解決したいわけだ。

ただ、機械化の費用を出すのは農家だ。自動制御のトラクターは一台一〇〇〇万円以上もするので、農家の負担ははかり知れない。

新しい機械を入れるために、農家は借金を重ねることになる。政府が「スマート農業」を推進すればするほど、農家の借金は増えていくわけだ。


政府が補助金で負担を軽減する、という議論もあるが、政府が負担の全額を補助することは考えられない。補助金をつければつけるほど、かえって農家の借金が増えていく。

ちなみに、民主党政権時には農家の戸別所得補償制度を導入している。

欧米では当たり前の制度だが、その後の自民党政権は、「補助金漬けの農家はけしからん」と主張して全廃してしまった。

「農家は補助金漬け」というのはイメージの刷り込みであり、いまの農家は補助金なんてほとんどもらっていないので、全然儲かっていない。

とくに悲惨なのがコメ農家だ。農水省が公表する「営農類型別経営統計」によると、コロナ禍の二〇二一年、二二年のコメ農家の平均年収はたった一万円だった。時給に換算するとなんと「一〇円」だ。

農家はこれほど厳しい状況に追い詰められている。それも結局、都会のことしかわからない政治家と官僚がすべてを決めていることが原因だ。

「令和のコメ騒動」は政治のツケ

世の中には「自由化してはいけない職業」がある。

医療と農業は、株式会社化して利益を追求してはダメな分野だ。どちらも人間の命に関わるものだから、企業化によって安全性より利益を優先されては困るのだ。

しかしながら、近年こうした分野の自由化がどんどん進められてきた。農業はできるだけ企業化して効率的に利益を上げよう、という方向が強かったのだ。

それは要するに「農業の軽視」であり、ひるがえって「命の軽視」につながる。

二〇二四年夏に日本全国でコメ不足が発生したのは、まさにそうした政治のツケだったと言える。

猛暑だったとはいえ、戦争が起きたわけでもないのに、コメが急に不足して買えなくなったのは、コメの生産と供給、流通がうまくいっていないからだ。要するに、政府の農業政策に綻びが生じていることの証左だった。

近年、日本の就農人口は激減している。農業が主な収入源という人を「基幹的農業従事者」と言うが、二〇二三年の基幹的農業従事者数は一一六・四万人だった。二〇一五年には一七五・七万人だったので、ここ一〇年近くの間に約六〇万人も減少しているわけだ。

一方、大都市の人口は増え続けている。東京都の人口は二〇二四年一月時点で一四一〇・五万人と、一九六〇年の約一・五倍近くにまで増加している。

大都市住民が増え、就農人口が激減する中で、農業・農家とつながりを持つ人が減っているため、農家の実態を理解してくれる人が減ってしまい、「食料はカネで輸入すればいい」という資本主義的な考え方が蔓延してしまった。

だが、大災害や戦争により輸入が止まる可能性もある。そうなると日本人は飢え死にを心配しなければならない。日本の食料自給率はカロリーベースで約三八パーセントにしかならないが、それすら実は見せかけに過ぎないという。日本の場合、種も肥料も燃料も輸入に頼っているので、それも加味すると真の自給率はもっと低くなる。東京大学大学院の鈴木宣弘先生の試算では一〇パーセント以下だという。

真の自給率が一〇パーセント以下ということは、もし有事などで食料輸入が止まれば、日本はあっという間に飢えるということだ。その際、真っ先に飢え死にするのは、東京や大阪、名古屋といった大都会の人たちだ。

食料危機になると、農家はそう簡単に食料を売ってはくれない。

私は普段、畑のサツマイモを配ったりしているが、いざ食料危機となれば、私だって自分の食料確保を最優先にするだろう。

かつて、戦中、戦後期には日本全体が食料難になったので、都会の人はみな大切な着物などをリュックに詰め、地方に出かけてコメや野菜と物々交換してもらったのだ。

今回のコメ不足騒動でも、真っ先にコメがなくなったのは、大都市のスーパーだった。外食・中食など長期契約を結んでいるところや、農家とのつながりの深い地方のスーパーにはコメがあった。

「コメなんてできるだけ買いたたけばいい」と、市場原理で仕入れていたところほど、真っ先にコメ不足になったわけだ。

ウクライナ紛争以降、世界情勢は不安定化している。戦争勃発による食料危機の発生は、決して絵空事ではない。

そもそも東京は首都ではない

一九九〇年に国会で「国会等の移転に関する決議」が採択され、一九九二年には「国会等の移転に関する法律」も成立している。首都機能の移転先として「栃木・福島地域」「岐阜・愛知地域」「三重・畿央地域」と、具体的な候補地も提示されていた。

本来、首都はとっくに移転していてもおかしくなかった。

なぜ首都機能の移転が進まなかったかといえば、「東京から移動したくない官僚と政治家がタッグを組んで抵抗した」からだ。

そもそもアメリカでも政治と経済の中心は異なる。それが世界の主流だ。それなのになぜ日本は首都機能を移転しないのかと、かつて政府の人に聞いたことがある。

その時の答えは、「わざわざ田舎に行きたい奴はいない。子どもの教育だって困る」というものだった。

私はその時、「みなが〝東京病〟にかかっている」と痛感した。

エリート官僚の子どもの教育のために、首都を移転しないというのは本末転倒だ。首都機能の移転先には、日本のエリート層が丸ごと移転してくるので、仮に現時点で学校がなかったとしても、いくらでも名門校を作れるはずだ。そもそも、問題にすべきなのは国益であり、エリート官僚の子弟の教育のことなどどうでもよいはずだ。

結局、東京のことしか知らない人間が、国の政策を決めているのが、日本の最大の問題なのだ。

もし首都機能移転の気運が高まった時に、首都を福島に移転していたら、東日本大震災後に原発再稼働&原発増設なんて怖くてできなかったはずだ。

地方のことを知らない東京の人間が、政策を決めている。地方交付税を真っ先に削っているのもむべなるかななのだ。

東京一極集中は安全保障上の弱点

台湾有事が話題だが、日本の安全保障を本気で考えるなら、東京一極集中の是正は最重要課題となる。

日本を攻撃する場合、東京と大阪、名古屋を爆撃すればいい。それで日本は終わりだ。そうならないように、重要拠点はあらかじめ分散しておく必要がある。

そもそも東京は「地震リスク」が高い場所だ。一定周期で「首都直下地震」が起きると言われており、そのリスクを避ける意味でも、東京一極集中は避けないといけない。

最近、複数の地震学者に話を聞く機会があったが、いつどこで巨大地震が起きても不思議はないという。南海トラフだけ気を付けてもダメなのだ。

現に、近年の地震被害は南海トラフ以外で起きている。二〇一六年の熊本地震、二〇一八年の北海道胆振東部地震、そして二〇二四年の能登半島地震と、いずれも想定外の地域だった。

首都直下地震については、前回の「関東大震災」から一〇〇年ほど経っており、もういつ起きてもおかしくない。

東京のインフラは強固だから、大地震が起きても大したことにはならない、と思う人もいるかもしれないが、それは間違いだ。

大地震が起こると、必ずと言っていいほど停電が起きる。

東日本大震災の時、私の弟は仙台のタワーマンションに住んでいたが、二〇階くらいの高層階だったので、かなり悲惨な目にあったと聞いている。タワマンは水を電気で汲み上げているので、停電すると水道が止まる。だから弟はそのつど階段で二〇階下まで下り、バケツに水を汲んでは再び登ることになった。

弟はそれを数回やって耐えられなくなり、結局、友人の家に避難することになった。

大地震が起きると、食料もなくなってしまう。東日本大震災で被災した人の話では、わずかな食料をめぐって暴動寸前という状況もあったらしい。ただ、暴動にならなかったのは、東北自動車道の地震対策が終わった直後で、大地震にもかかわらず物流の全面ストップを回避できたことと、東北の皆さんが節度ある行動を取ったことが大きい。

東北は食料の入手は比較的容易な地域だが、大都市では食料不足の懸念がより深刻になる。

以前、首都直下地震を取り上げたＮＨＫの番組に出たことがある。その際にテリー伊藤さんが東京大空襲を体験した老婆から聞いた話をされていた。空襲で被災し食料がなくなったので、とにかく北へ歩いて、結局、埼玉県に入ったところでようやく食事にありついたという。有事には大都市が真っ先に飢えるのだ。

東京が抱えるリスクはほかにもある。

一般に「東京は災害に強い」というイメージがあるかもしれないが、実は水害リスクはけっこう高い。東京の北部で線状降水帯が発生すると、「荒川決壊」の可能性がある。その場合、東京二三区の三分の一が浸水するのだ。

水害に備えるため、「首都圏外郭放水路」という施設も埼玉県内に用意されている。水害になりそうな時に一時的に水を貯めて、被害を抑えるものだ。非常に壮大な施設であり、一部で「地下神殿」と言われているが、それでも水害リスクをゼロにはできない。

こうしたリスクを避けるためにも、東京一極集中はやめるべきだ。

いずれ電気も自給自足になる

息子の康平は「エネルギー源の分散化が必要」としている。基本的に同感だが、私はその中心として、太陽光発電の推進が必要だと考える。

一般社団法人エネルギー情報センター「新電力ネット」によると、二〇二四年七月の「電力（低圧）」の単価は三一・六八円／ｋＷｈ。我々は、だいたいこのくらいの価格で電気を買っている。

一方、資源エネルギー庁によると、太陽光発電のコストは二〇二〇年で一ｋＷｈあたり一二・九円、二〇三〇年には八・二〜一一・八円ぐらいまで下がる見込みという（ともに事業用の価格）。電気は自分で作ったほうが、はるかに安くなるのだ。

自分の家に太陽光パネルを設置して自家発電すれば、災害などで停電するリスクもなくなる。

五年ほど前、大学のゼミ合宿で千葉県に行った際、台風が襲ってきて、長期間の停電を体験したことがある。宿泊したホテルは奇跡的に電気がきていたのだが、周辺はすべて停電で、コンビニも営業しておらず、スマホの充電も切れて連絡も取れないという状況に住民は陥った。彼らは、その時、太陽光パネルを屋根に設置している家を訪ねて、スマホを充電させてもらっていた。そうしたメリットも、分散型電源はもっているのだ。

私は環境を破壊するメガソーラーには反対だが、自宅に太陽光パネルを設置して発電するのは大賛成だ。日本の屋根の九割は空いているので、環境破壊にはならない。

ちなみに、「太陽光発電は補助金漬け」という誤解もあるようだが、実は国による太陽光発電への補助金は二〇一三年に廃止されている。現在はごく一部の自治体が独自の補助金を出しているに過ぎない。

政府は太陽光発電を普及させない方向に舵を切っている。経産省は昔から原子力発電を推進していたので、太陽光発電を目の敵にしているのだろう。

ちなみに、原子力発電は一番コストが安いと思われているが、実際は違う。発電以外にもいろいろなコストがかかるが、コスト計算ではそれらを含めていないだけだ。

たとえば放射性廃棄物の最終処分場をどうするかが決まっていない。地下三〇〇メートル以上深い場所に埋める地層処分が必要とされているが、日本の場合、全国に活断層が散らばっており、安全に処分できる土地は存在しないと科学者たちは声を揃えている。二〇二三年には地球科学者三〇〇人が連名で、日本に地層処分に適切な土地は存在しないという声明を発表している。

原子力発電を続けると、行き場のない放射性廃棄物が溜まっていく。最後は処理を引き受けてくれる外国に持っていくしかないが、その際には当然法外な費用を請求される。

こういうコストも含めると、本当の原子力発電のコストは一ｋＷｈあたり三〇円以上という見立てもある。

だから私は原子力発電は即刻やめたほうがよいと思っている。そもそも原発がいったん事故を起こすと大変なことになる。それはつい十数年前に日本人すべてが身をもって知ったはずだ。

一般的な家庭の場合、必要な発電量は五ｋＷｈ程度なので、太陽光発電でまかなうには、二五〜三五平米程度の太陽光パネルが必要になる。二五平米とはおおよそ一六畳程度だ。狭い一戸建てやマンションだと設置は難しいだろう。

東京をはじめ大都市圏の人は分譲マンションか賃貸に住んでいることが多く、太陽光発電は身近な話題になりにくい。だから反対している人が多いのかもしれない。

そういう意味でも都会に住むのは不利ではないだろうか。

原発ムラがやっていること

康平は若いから知らないだろうが、私は「原発利権者」から講演に呼ばれたことが二、三回ほどある。原発が立地するところで講演すると一〇〇万円を超える高額のギャラをもらえた。そうしたことが続けられてきたので、多くの人が原発を推進する側になびいていったのだ。

シンクタンクに勤めていた時に、玄海原発が位置する佐賀県東松浦半島の振興計画に携わったことがある。玄海町は、現在は唐津市の一部となっている肥前町と隣接していて、原発が立地する玄海町のほうには、電源三法による交付金が支払われていた。一方、原発のすぐ近くだが肥前町には交付金がなかった。

肥前町の役場に行くと、ボロボロの木造だった。別棟の事務所は畳敷きだったくらいだ。その後、玄海町の役場に行くと、雰囲気がまったく違っていた。五センチも毛足があるフカフカの絨毯が敷かれていて、社長が座るような総革張りの豪華な椅子に、ヒラ役人が座っているという、異様な空間だった。

みな原発利権に札束でひっぱたかれて、言うことを聞いていたのだ。

エネルギーの問題にはそうしたバイアスがかかっているので、電源の多様化、ベースロード電源の必要性といった、発電側の論理については割り引いて見ることが必要だろう。

第六章　マクロとミクロの混同が日本をダメにした

森永康平

地方に住むのは簡単ではない

たしかに父の言う通り、できるだけ地方に住んで生活コストを下げるほうが、人生の幸福度を高められるかもしれない。東京一極集中を変えていくためにも、そうした生き方のほうが理想的なのだろう。ただ、万人にすすめられる生き方ではないとも思う。

多くの人が生活コストが高い東京に住むのは、「仕事が都内にあるから」にほかならない。埼玉や千葉など近郊に住み、都内へ出勤するという選択肢もあるが、それでも都内に住む人は、「通勤の不便さや時間のロスを考えると都内に住むほうがいい」と判断しているわけだ。つまり、できるだけ金額に表れないコストを下げようとした結果、都内に住む選択をしたということ。

むしろ地方に移住できるのは、ある程度お金がある方、単価の高い仕事を約束されている方に限られるという面もある。

リモートワークが普及したといっても、すべての仕事がリモートでできるわけではない。簡単な打ち合わせや取材ならリモートで済むが、そういう仕事ができるのは働く場所の制約がなく、成果物を求められているフリーランスやＩＴ系の一部職種の人ぐらいだろう。

多くの人は会社員として働いている。そうした人にとって、都心部の勤務地を離れて地方に住むということは、現在の仕事を失うことを意味する。その点で、地方移住はリスク・コストが高い生活に見える。

ただ、もちろん地方に住むという選択肢を否定するつもりはない。私の場合、妻の要望もあって、いまのところ都内に住んでいるが、高い生活コストを払ってまで都内に住むメリットはあまり感じない。特に最近は都内の不動産・家賃が非常に高くなっているのでなおさらそう思う。

私は社会人になってすぐの時期には、所沢の実家から会社へ通っていたが、長距離通勤の厳しさを身をもって知ることになった。出勤時間に間に合わせるためには、朝七時発の電車に乗ることになるが、ひどい満員電車だった。その中で一時間以上すし詰めになっているのは想像以上に大変だった。

もろもろのコストを考慮し、家族の要望を聞いた結果、私は結局オフィスに近いところに家を借りることにしたが、「通勤地獄」から解放されるなら、余分にお金を払ってもいい、と思う方は多いだろう。往復にして二時間近くが自由になる分、その時間を活用して収入を増やすことも可能だ。

少子化が止まらない根本原因

東京一極集中は、もともと誰かが設計してこうなったわけではなく、いろいろな要素が影響した結果、大都市に人が集まり、地方から人々がいなくなるという現象だ。構造的な問題であるため、解決するのは非常に難しい。

地方経済を盛り上げようと、さまざまな地方創生の取り組みが進められているが、結局うまくいかないことも多い。要は地方だけを活性化させようというアプローチ自体が間違いなのだろう。そうではなく、東京一極集中をもたらしている社会構造全体を変えない限り、地方活性化も実現しないと思う。

少子化の問題もこれとよく似ている。少子化をもたらす社会構造に目を向けず、対症療法ばかりやってもあまり効果はない。

少子化の背景に、経済的な問題があるのは間違いない。たとえば熊本の菊陽町では、TSMCの工場新設によって仕事が増え賃金も上がったため、人口も出生数も増えていると聞く。

経済が発展していれば、設備投資が起き、仕事が生まれ、人が集まり、子どもも増えるということだ。

結局、日本の社会問題の大半は、日本経済の停滞が原因と言っても過言ではない。日本は人口が減り、賃金も上がらない。しかし、政府は財政赤字を理由に十分な経済政策を実施しない。ただ、これらはいずれも、国が正しい経済政策を実行し、経済が成長していけば、改善するはずだ。

日本の経済政策で基本とされている考え方が二つある。一つは「財政が黒字か赤字か」を重視する考え方、もう一つは「財政には制約がある」という考え方だ。

ただ、この二つはともに間違いだ。

財政が赤字だろうが、黒字だろうが、必要な予算は支出しなければならない。議論すべきなのは「日本に必要か否か」であり、「財政が黒字か赤字か」の議論を優先させること自体がおかしい。

財政に制約があるという考え方も間違っている。自国通貨を発行する政府は、通貨の発行量を自分で調整できる。本当に必要がある支出であれば、財政赤字が制約になることなく通貨を発行できるし、自国通貨建ての債券がデフォルトすることも起こりえない。制約になるのは財政ではなく、それを消化するだけの供給能力を持っているかどうかだ。

なのに、政策決定の当事者たちは、「財政には限りがある」と信じ込んでおり、あらゆる予算を削っている。だから、政府の政策は効果を発揮しない。東京一極集中が解消しないのも、少子化が止まらないのも、結局は政策を考える際に出発地点となる貨幣の認識が誤っていることが要因の一つだろう。

経営者にマクロ政策を議論させてはいけない

なぜ政府はそうした基本的な考え方から間違ってしまうのか。その一つの理由として、「マクロとミクロの混同」を指摘しておきたい。

財政政策や金融政策を論じる際には、「できる限り多くの国民を救おう」とか、「社会的弱者に福祉を提供しよう」といった国全体を俯瞰した「マクロ」の視点が必要になってくる。

一方、「ミクロ」の議論はまた別だ。業績不振に苦しむ企業が社員をリストラしたり、不採算事業から撤退する、というのはミクロなら正しい。

国家における「マクロ」の政策論では弱者を救う方策を考えるべきだが、企業や個人といった「ミクロ」の世界では資金力や物量の制約の下で、無駄を削減したり、競争を肯定したりするほうがうまくいくわけだ。

日本ではマクロとミクロが混同されがちだ。「マクロ」を担う政治家や官僚たちほど「弱肉強食」を肯定する一方、本来「ミクロ」の企業経営者が、競争を避けぬるま湯の労働環境を維持している。

ミクロでは合理性を追求するが、マクロでは弱者にセーフティネットを提供する。と、こうした社会ならみな安心して競争できるので、経済全体も順調に成長していくだろう。

ただ、なぜか日本の政治家はマクロとミクロを混同してしまう。いい例が、ビジネスにおいて成功した企業経営者たちを政府の有識者会議に呼び、マクロ経済政策を議論させていることだ。

もちろん、国全体の経済政策を運営する上で、経営者の知見やアイディアも傾聴すべきだが、彼らはあくまで「ミクロ」の世界における成功者だ。本来、マクロ政策を論じるには不適任だろう。時としてミクロの観点からは正解の行動が、マクロの観点からは不正解になるなど、逆転現象が起きることがある。これを「合成の誤謬《ごびゅう》」と呼ぶ。

政策決定の場に企業経営者を呼べば、「自分の会社がもっと儲かる」という視点が政策に入り込んでしまう。また、「本来、社会の公平性を保つためにやるべき政策」を、「コストがかかる」「効率が悪い」などと言ってやめてしまうことも起きる。

日本の政策決定はこんなにも歪んでいるということだ。

脱原発のデメリットが説明されていない

日本の経済政策の間違いを強く感じるのが、「エネルギー」の分野だ。

父は原発依存を改め、太陽光発電を推進すべきという立場だが、東京一極集中を是正したほうがいいのと同様、エネルギー源は本来分散したほうがいい。その意味では再生可能エネルギーの比重を高めようとする方針よりも、原子力発電も含めたエネルギーミックスを中心に置くべきだと考える。

脱原発が必要だという方も多いし、その人たちの主張にも一理あると思うが、急激な脱原発はデメリットを伴うことも認識すべきだ。もし原子力発電を廃止すれば、電気料金がはね上がり、生活水準が低下してしまうからだ。

ただ、そのデメリットが本当に理解されているか疑問に感じる。脱原発と同時に「国民の生活を豊かに」と主張する人も多いが、その二つを両立させるのは難しいだろう。

数十年をかけて段階的に原発を減らす、というならまだわかるが、どちらかというと急進的かつ政治的なバイアスのかかった主張のほうが目立っているように思う。

同様に、急激な脱炭素もデメリットが大きいはずなのに、これだけ進められているのは、政治的な意図を感じる。

「火力発電はCO_2を出すので環境に悪い」という主張が強くなり、世界中で火力発電所を停止しているが、実際のところどのくらい温暖化を食い止められるのか、データに基づいた議論が少ないように思う。

ちなみに日本の火力発電技術は世界的に見て非常に高く、世界に輸出できる分野の一つとされていた。「脱炭素」を進めると、当然、火力発電技術の輸出も停滞することになるが、日本経済にとって悪影響を及ぼすだろう。

外資が絡むと予算がつく

エネルギー問題を考える際にも、政府は「財政には限りがある」とばかり言って、老朽化した施設はどんどん廃止しているが、ちゃんと予算を投じて既存設備を有効活用したほうが効率的な場合も多いはずだ。

あちこちで予算を削ってばかりいる一方、グローバル企業や外資が絡む分野だと、すぐ予算をつける。その際、本当にそれが有効な政策なのかはろくに検証もしない。そうした政策決定が当たり前になってしまっている。

太陽光発電への投資など、いわゆる「グリーントランスフォーメーション（ＧＸ）」がまさにそういった分野の代表例だ。日本政府は今後一〇年間で一五〇兆円もＧＸにつぎ込む予定だが、本当に必要なことなのか、きちんとした議論がなされていない。

たしかに脱炭素は世界的な潮流だが、環境対策、経済対策として、はたして本当に有効な政策なのだろうか。

父も言っていたが、一時あれだけ騒がれていたＥＶは、ここに来て販売不振が明らかになっている。ＥＶの高価格がネックになっているほか、「ＥＶ化を進めても、電気自体を化石燃料を燃やして作っていれば環境対策にならない」という根本的な矛盾が、欧米でもようやく認知されつつあることが影響している。

そんな怪しい分野にもかかわらず、政府は予算をつけている。つまり「財政には限りがある」なんて、真っ赤なウソだということだ。「赤字で財政破綻しそうだ」と言いながら、実は政府にたくさんお金があることを、当の政府はよく知っている。だから、政治家・官僚に都合のいい分野には大盤振る舞いをしている。

なぜまともな政治家が選ばれないのか

経済アナリストとして日々マクロ経済のデータを見るようになって、つくづく思ったことがある。

それは、「政治家で日本のことを真面目に考えている人間はほとんどいないのではないか」ということだ。

日本経済が良くなる政策を体を張って通そうという政治家はほとんどいない。結局、利権や選挙のことしか頭にないのだろう。

ただ、そんな政治家を選んだのは我々国民だ。「政治が悪い」のは、結局のところ国民に責任がある。

そもそも、政治の誤りのツケを払うのは国民だ。

エネルギーの問題についても、反対に屈せず、きちんと向き合っていかなければ、いずれ痛い目にあうのは日本国民なのだ。

では、なぜまともな政治家が選ばれないのか。結論を言うと、「平和ボケ」のせいではないかと思う。

過去数十年間にわたって、日本はずっと平和だった。誰が首相になろうとも、飢え死にすることもなければ、戦争に巻き込まれることもなかった。

そんなぬるま湯の状態が続いた結果、日本から「選挙で正しい政治家を選ばなければ、自分の命の危険に直結する」という緊張感が失われてしまった。

一方、政治家のほうでも、国民の期待に応えるよりも、利権や選挙、党利党略を優先してきたので、政治への信頼はすっかり失われてしまっている。

かく言う私も、もし子どもがいなければ、政治に関心を持たず、「国がどうなろうと自分には関係ない」と考えていたかもしれない。実際に子どもが生まれるまでは、日本に何かあれば海外で暮らせばいいと考えていた。

しかし、子どもが生まれてからは、次世代のために、夢も希望もない、政治家も官僚も腐っている国を、変えなければならない。そう思うようになった。もちろん、子どもを持つかどうかは個人の自由だが、私自身はそれをきっかけに政治に関心を持つようになったということだ。

いずれにしても、日本人が政治のことを真剣に考えるようになれば、日本はもっと良い方向にいくだろう。

金融エリートも所詮はサラリーマン

父は外資系投資銀行を厳しく批判している。ただ、少々厳しい目で見過ぎかもしれない。

投資銀行の人間も、所詮は会社員だ。「優秀な人材ばかり」というのはやや盛り過ぎだが、「悪党ばかり」というのも間違いだ。良くも悪くも普通のサラリーマンだ。

サラリーマンの仕事というものは、ルール化されており、何でも自己流で好きなようにやれるわけではない。だから、外から見ると「大手企業の人なのに大したことないな」と見えることもある。

そういうマニュアル化された仕事は、極論すれば、業務フローを覚えさえすれば誰でも同じようにこなせる。だから、大きな組織では個人の能力や得意分野が見えづらい部分もある。これは金融に限った話ではなく、製造業でも、ＩＴ分野でも、同じような面があるはずだ。

もちろん、その中で優れた実績を上げる人もいれば、そうでない人もいる。それは個人のセンスや努力による部分が大きい。ただ、与えられた仕事をまったく遂行できない、ということはほとんど起こらない。それがサラリーマンの仕事というものだからだ。

それこそ製造業なら、自動車や家電製品といった成果物があるので、その製品の値段や品質によって優秀な企業かどうかがわかりやすい。一方、金融の場合は、そういう「モノ」の成果物がないので、時には「虚業」として批判されてしまう。

実際、金融業界では違法ギリギリのことをして金儲けをしていた事例も多々あったわけで、反省すべき点はあるだろう。ただ、「金融業者はすべてハゲタカで悪党」と見るのは違うと思う。

そもそも、グローバル企業は批判されやすい。たしかに一部のグローバル企業が富を独占するのは問題だが、彼らがやっていることが社会を豊かにしている面も大きい。

コロナ禍でリモートワークが進んだのも、グローバル企業が提供するソフトウェアやサービスがあったおかげだ。

つまり、普通の人も資本主義経済やグローバル化から利益を得ているということ。

金融業界も同じだ。金融という機能が存在することで、社会が円滑に運営されている面がある。消費者に金融サービスを提供するだけでなく、融資機能を持つ銀行が資金を供給し、個人投資家やベンチャーキャピタルがリスクマネーを供給するから、ベンチャー企業が大企業へと成長していくわけであり、それによって雇用も投資も生まれるのだ。金融という機能によって現代社会が成り立っていることを忘れてはならない。

「ESG投資」というグレー商品

もちろん、父の言う通り、「グレーな手段を使っても自分が儲かればいい」という連中もいるのは事実である。

個人的に最近問題に思ったのは、「ＥＳＧ投資」だ。

一時、「ＥＳＧ」をうたうファンドが大流行していた。「環境対策に積極的な企業を中心に組成したファンドに投資すれば環境対策になる」「今後は環境対策に積極的な企業ほど伸びる」と宣伝して売られていた。

ただ、これらのファンドのうち、本当に環境対策になっているものはあまりない。「誰もが名前を知っている超優良企業」を「ブルーチップ」と呼ぶが、ＥＳＧファンドの中身はほとんど「ブルーチップ企業」ばかりで、そもそも「Ｓ＆Ｐ５００」「オルカン」を買うのとそこまで変わらないという実態があった。

また、いわゆる「グリーンウォッシュ」の問題もあった。

グリーンウォッシュとは、要するに「熱心に環境対策しているように見せかける行為」。自社に不都合なデータを隠したり、実際よりも数字を盛ったりする行為を指す。

たとえば、大企業の場合、「持株会社」を作っていることがある。この持株会社を中心に、事業会社や子会社を系列化してグループを形成しているわけだ。

自動車メーカーなどの製造業は、商品の製造過程でたくさんのCO_2を排出するが、持株会社単体で見れば、CO_2をほとんど排出しない。持株会社の仕事は経営企画とかグループ全体の広報など、事務仕事ばかりだからだ。

なので、持株会社のCO_2排出量だけを公表して、グループ全体の排出量は隠す、という行為が行われており問題になった。これが「グリーンウォッシュ」である。

「ＥＳＧ」とか、「ＳＤＧｓ」といったキャッチコピーを付けて、こうしたいかがわしい金融商品を売っているのが事実ということだ。環境対策を否定するわけではないが、こうした金融商品のことは懐疑的に見たほうがいい。

金融業界は、何かが流行するとなんでも金融商品にしてしまう。そうやって小さなバブルを作っては、手数料を抜いたり、自分たちでも売買して儲けるという商業主義的な動きが、金融業界では頻繁に行われていることは否定しない。

こういうビジネス手法に対して、時に批判が集まるのは仕方がないだろう。

倫理観が崩壊した金持ち

個人的に富裕層と話をする機会が多いのだが、立派な見識を持った人はたくさんいる。

ただ、世間一般では富裕層と聞くと、いい印象を持つ人は少ないだろう。良くも悪くも自分のお金を増やすことにのみ関心がある、というイメージが強いのではないだろうか。

アメリカでは富裕層が積極的に寄付をしたり、社会貢献活動を行うケースが多いが、日本の富裕層はそういう活動にあまり熱心ではないと言われている。

父は「イケメンと金持ちは敵」と言っていた。それに同意するわけではないが、私もいわゆる金持ち層を見て違和感を持ったことはある。

知り合いに何十億円という大金を手にした人もいるが、その中には毎晩女性を侍らせて飲み歩いているような人もいれば、自己中心的で倫理観が崩壊した人間もいる。

「ノブレスオブリージュ」という言葉がある。元はフランス語で、社会的な地位の高い人には社会的責任と義務がある、といった意味だ。

実際、お金持ちほど多く納税しているし、大企業の創業者であれば、多くの雇用を生んでいるので、「お金持ちほど社会に貢献している」と考えるのだろう。雇用の点は間違いではないが、我々が納税したお金で政策が執行されているわけではないので、納税の点では誤りなのだが……。

一方で、お金持ちは憎まれやすい。映画やドラマなどエンタメ作品において金持ちは大抵悪役として登場する。観客の大半はお金持ちではないし、話を勧善懲悪にするほうが喜ばれるのだろう。

お金持ちがノブレスオブリージュを果たしていないのは事実としても、「お金持ち＝悪い奴」という見方ばかり強調されるのも良くないと思う。

そもそも、ある程度経済的な余裕がないと、社会に貢献することはできない。自分の生活が苦しいのに、困っている人を支援するのは難しいからだ。

さらに、「お金を儲けること自体が悪いことだ」とか、「みんな平等に貧乏になりましょう」という考え方も間違っている。むしろ国民全員が豊かになることこそ「正義」ではないだろうか。

「金持ちは悪」と決めつけるのも間違いだし、かといって「金持ちは素晴らしい」というのも、あまりにも現実を美化している。ゼロイチの極論がもてはやされるネット社会だからこそ、バランス感覚が求められるのだ。

投資はお金持ちのほうが有利

私が知る限りでは、富裕層ほど、お金をさらに増やそうとする。

それはある意味当然のことではある。そもそもお金をたくさん持っている人は、お金を増やしやすい。あまりお金を持っていない人は、普段の生活費を払うのに精一杯で、投資に回す余裕がないが、お金持ちなら、投資に回すお金がたくさん余っているからだ。

それに、資金が少ない人は、投資で負けが続くと、退場を迫られることもあるが、お金持ちは多少損を出しても困らない。なので、「九回負けても、一回大勝ちすればいい」という戦略も取れる。投資ではお金持ちのほうが圧倒的に有利である。

そもそもお金持ちの人ほど、お金を稼ぐのが好きな人が多い。

これらの結果として、お金持ちは自分のお金をどんどん増やしていくのだ。

もちろん、それが悪いというわけではない。お金持ちが社会にいい影響を与えることもある。

たとえばソフトバンク創業者の孫正義氏は、次世代を担う才能を支援する「孫正義育英財団」を運営している。

もちろん、優秀な若者をソフトバンクに集めるという狙いもあるだろうが、物心両面で支援を受けられるのは若者にとって大きなメリットだろう。ここから日本を代表するスーパーエンジニアが登場するかもしれないし、もしそうなれば日本全体にメリットがあるかもしれない。

何が言いたいかというと、お金持ちがどんどんお金を増やそうとすることが、結果的に社会全体の利益になることも十分考えられるし、そうであれば特に問題はない、ということ。

お金持ちが社会貢献を掲げて何かを始めると、「結局お金持ちのためにしかならない」と思う人もいるかもしれない。ただ、私は結果的に社会にとってプラスが大きいなら、それでもいいんじゃないかと思う。「やらない善よりやる偽善」という言葉はまさにその通りだ。

「富裕層増税」は不満のガス抜きにしかならない

トリクルダウンという言葉がある。富裕層が儲かればたくさんお金を使うので、中間層を含め経済全体にいい影響がある、という考え方だ。いわゆるアベノミクスにおいて異次元金融緩和を実施する際にも、トリクルダウンが強調されていた。

ただ、わかりやすいかたちでのトリクルダウンは起きなかった。そのこともあって、いまはむしろ「格差の拡大は問題だから、富裕層に課税して是正するべきだ」という主張が強くなってきている。

だが、私が強く思うのは、「そもそも日本にそんなひどい格差があるのか」、ということだ。

たとえばアメリカの場合、金持ち層がどんどん豊かになっている一方、これまで中間層だった人々が底辺に転落している。IT企業が集結するサンフランシスコ市では、賃貸住宅に住むにはワンルームでも月約三〇〇〇〜三五〇〇ドル以上も必要だという。日本円で月四五万円という高額なので、普通に働いている人でもホームレス生活をしているという。

こうした深刻な格差に比べて、日本はまだまだ深刻ではない。

むしろ、現時点で経済格差ばかり問題視することは有害だと思う。

格差是正のためには「金持ちからはもっと税金を取ろう」という方向に行きがちだが、本当に金持ちだけ増税できるならまだしも、たいていは庶民も負担増に巻き込まれてしまう。

消費増税にしろ、金融所得課税にしろ、純粋に金持ちだけ増税するのは難しい。「金持ちを懲らしめよう」とすると、逆説的だが結局庶民も損をするわけだ。

仮に富裕層だけを狙いうちに増税できても、それで富裕層が貧しくなれば、その分高級品の売り上げが下がったり、不動産が売れなくなったりと、景気を冷やす方向に作用する可能性が高く、この点でも庶民にとってデメリットがある。

要するに、「格差を是正しよう」としても、やり方を誤れば、「みんなで一緒に貧しくなろう」ということになりかねない。

現在の日本の状況を見れば、そうしたデメリットを覚悟してまで、最優先で格差是正に取り組む必要がないのは明らかだ。

いまやるべきなのは、「全員の所得を引き上げること」に他ならない。

多少富裕層を利することになっても、全員の所得が上がるならそれでいい。日本に必要なのはそういう経済政策だろう。

政府がそれを後回しにして、金持ちに課税しようとするのは、結局はそれが「庶民の不満のガス抜き」になると知っているからだろう。

「金持ちへの課税強化」が難しいもう一つの理由は、課税しても海外に逃げられてしまうという点にある。

きわめて低い税率で企業や金持ちを呼び込む国・地域をタックスヘイブンと呼ぶが、世界にはこうした地域がたくさんある。金持ちは海外に資産を持っていることも多く、こうした仕組みを利用できるので、日本国内で課税を強化したところで、シンガポールやドバイに逃げられてしまう。

つまり金持ちへの課税を本当に強化するには、世界中で協調して税率を引き上げなければならないが、それはかなりハードルが高い。

結局、金持ちへの課税を目指しても、「ちょっと裕福なサラリーマン」くらいの人が損をするだけで、本当の金持ちは逃れてしまうわけだ。

こういう政策を実行しても、中途半端な結果に終わるだろうし、日本経済が復活することはないだろう。むしろ、小金持ちや中間層の足を引っ張ることで、より二極化の色を鮮明にすることになろう。

「経済成長より格差の是正」は本末転倒

格差是正を訴え「みんなで一緒に貧しくなろう」と主張する人たちは、世界経済が成長しない前提で話をしている。

だが、経済は成長するのが当然の姿であり、経済が成長していく限り、格差があっても、庶民にも恩恵がある。

その現実を無視して、「経済成長よりも格差の是正」と訴えるのは本末転倒であり、単に間違いだ。

そもそも、世界経済が長期にわたって成長を止めるというシナリオはあまり考えられない。あるとすれば、世界中で少子化が深刻になって、人口が減少する、といったケースだろうか。

とはいえ、人口が減少しても経済成長は可能である。いま、ＡＩも含め、さまざまなテクノロジーが進化しており、人口が減少しても生産性を上げることは可能だ。

そもそも世界経済は長期にわたり成長トレンドにあったので、いずれはこれが逆転するとしても、そう急激に変わるとは思えない。あと数十年間くらいは経済成長が続くだろう。

それこそ第三次世界大戦が発生し、世界各国が核ミサイルを撃ち合って全滅する、といった場合は経済成長が止まるだろうが、そんな極端なケースを想定しない限り、経済成長はあると思ったほうがいい。

そもそも、そんな極端なケースの場合、貯蓄や老後資金の形成といったことも意味がなくなっているはずだ。そうしたシナリオについては備えようがないので、心配してもあまり意味がないだろう。

日本の経済政策は「世界の経済成長は続く」ことを前提にして考えるべきであり、その場合、ある程度の格差は容認して、全体の賃上げとか、日本経済全体の成長を優先する必要がある。

第七章

「身分社会」に潰されないための生き方

森永卓郎

「最低賃金二〇〇〇円」は当然

勘違いしている人もいるかもしれないが、私はたくさん働いた人がたくさんお金をもらうのは正しいことだと思っている。

ただ、働いていない金持ちが、さらに儲けられるいまの仕組みは問題だと思っている。金持ちの大部分は働いていない。資産運用、つまりお金を右から左に転がしているだけで、億単位の稼ぎを得ている。税金や社会保険料の負担を逃れている人も多い。

まっとうに働いている人ほど報われていないのは、極めて不公正な状況だ。

そもそも、いまの日本では同じ仕事をしても、正社員と非正規雇用で賃金が違う。日本には「同一労働同一賃金」を定めた法律があるが、実際には守られていないと言える。

大企業の本社から出向してくるボンクラ社員より、プロパーの契約社員のほうが実務をわかっている、という状況はよく目にする。それなのに正社員だという理由で、契約社員の二倍以上も給与をもらっていたりする。

こういう状況を是正するために、最低賃金の引き上げが必要だ。たとえば韓国は一〇年以上かけて最低賃金を約二倍に引き上げたが、日本も同じことをやれるはずだ。実際、石破政権は、そうした方向性を打ち出している。

つい最近、私のゼミの学生がオーストラリアへの短期留学から帰ってきて、現地では土曜と祝日の時給が三〇〇〇円を超えていると教えてくれた。

つまり、日本の最低賃金は安すぎるということだ。せめて二〇〇〇円程度に引き上げないと、経済は良くならないだろう。

一方で、富裕層が負担を免れている社会保険料や税金を、きちんと払わせることも必要だ。

もともと何百億と稼いでいる人から多少税金を取っても彼らの懐が痛くなることはない。それより、不公平な仕組みを是正し、一生懸命働くと報われる社会にしなければ、日本は良くならない。

いまの日本は身分差別社会

いわゆる「派遣社員」の仕組みというのは、単なる「差別」に他ならない。

同じ会社で働いていても、正社員と派遣社員では、待遇が天と地ほど違うという。正社員は社員食堂で安く美味しいランチを取っているのに、給与の安い派遣社員は社員食堂を使えず、控え室で自分で作ったお弁当を食べている、というケースもあるという。

仕事の内容に差があるなら理解できるが、まったく同じ仕事をしているどころか、むしろ派遣社員・契約社員が正社員に指示していたりする。

この非正規雇用の問題は、公務員の世界にも存在する。中央官庁で働く非正規雇用の人は、エリート官僚の半分以下の給与で働いている。彼ら非正規の職員がいなければ、中央官庁の業務は回らないのだ。もう少し待遇を改善すべきではないだろうか。

テレビ局にもこうした「身分制度」がある。コネ入社の局員でも四〇歳で一五〇〇万円くらいもらっているが、外注先の制作会社の人はその半分くらいしかもらえない。同じ番組を作っていても、「身分」が違うだけで給与に二倍以上もの差がある。

そもそも、同じ労働に同じ賃金を設定するのはグローバルスタンダードだ。「身分」により報酬が違うのは日本くらいなのだ。

私はつねづね、日本の国力が落ちている最大の理由は、ボンクラのボンボンばかりがおいしい仕事に就いているからだと訴えている。

有名人や大企業役員の二世たちが、親の金でいい大学に通い、親のコネでよい企業に入っていく。もちろん実力を評価されたからではないし、何かを達成した経験もない。現場を這いずり回り苦労したことも、エリート層にいじめられて悔しい思いをしたこともない。だから、二世たちの判断は大抵間違いなのだが、いま日本で実権を握っているのは彼らだ。二世議員はその典型かもしれない。

その一方で、コツコツ働いて現場を支えている非正規雇用の人がたくさんいる。こういう身分による差別が当たり前になってしまっているが、早急に是正すべきだ。能力のある人は取り立てるべきだし、同じ働きには同じ給料を払うようにすべき。そうしなければモラルハザードを招くだろう。

富裕層は税金を逃れている

「日本は身分社会」だと書いたが、なぜそうなっているかというと、身分の高い人間に「特権」が用意されているからだ。

たとえば、日本の金持ち層は税制面で大きく優遇されている。俗に「一億円の壁」と呼ばれているが、年収一億円までは累進課税で税負担が重くなるのに対し、年収一億円を超えると、逆に税負担が軽くなる。

年収一億円を超えるような高所得者の場合、所得の大半を占めるのは「株の売却益」や配当金などの金融収益だ。ただ、株で得た利益は「分離課税」の対象となるため、税率は約二

○パーセントとなり、所得税・法人税より税率が安くなるわけだ。

明らかにおかしい話だが、これを変えようという気運は盛り上がらない。

こうした不平等な制度を改め、富裕層の税負担をもっと重くすべきだ。そのためには、金融所得への課税を強化することも必要だろう。どうせ庶民の金融所得はＮＩＳＡの枠内で収まるので、課税が強化されても痛くないのだから、どんどんやるべきだ。

この話をすると、「金融所得には累進課税できない」と言って反対する人がいるのだが、実はアメリカでは、連邦税は三段階の税率が設定されており、州・地方政府税については総合課税になっている。

アメリカでやっているのに、日本でできない理由はないはずだ。

富裕層は消費税も払っていない

消費税には還付金という仕組みがある。簡単に言うと、預かった消費税より、仕入れ時に支払った消費税のほうが大きい場合、差額を還付する制度だ。

つまり、会計上のテクニックを駆使して、多くの出費を経費にしていくと、消費税を支払うどころか、還付を受けられる場合も出てくるわけだ。

もちろん、サラリーマンの場合、確定申告していないので、消費税の節税は不可能だ。一方、富裕層の多くは自分の会社を持っているので、さまざまなテクニックを使って消費税の負担を逃れている。

彼らがよく使う節税方法の一つに、高級ホテルの活用がある。

都心部には外資系などの高級ホテルがたくさんあるが、そうしたホテルを利用しているのは、旅行で一泊、二泊と利用する人よりも、長期契約している富裕層が多いという。無論、ホテルの宿泊費を会社の経費にして節税するために使っているのだ。

このように、会社の経費かプライベートかを曖昧にする方法は、多くの富裕層が使っている基本テクニックだ。

ちなみに元日産会長のカルロス・ゴーン氏は、二〇一六年一〇月に妻との結婚披露パーティーをベルサイユ宮殿で開き、その費用五万ユーロをルノーに支払わせていた。

ゴーン氏は二〇一四年三月に日産・ルノーのアライアンス一五周年を記念するパーティーをやはりベルサイユ宮殿で開いているが、この費用六〇万ユーロも、日産とルノーに払わせている。このパーティーも、日付がゴーン氏自身の誕生日であったので、事実上「ゴーン氏の誕生日パーティー」だった疑惑が報じられた。

このように、富裕層はあの手この手で税負担を逃れている。

うことだ。

「富裕層はたくさん税金を払い、寄付をしているので、社会に貢献している」は間違いということだ。

金持ち以外は大学に行けない

いまの日本社会では、学歴があるかどうかで、職業選択の自由度が大きく変わる。ただ、学歴というものは、所詮は肩書、ブランディングの問題に過ぎない。

ITビジネスアナリストの深田萌絵さんは、もともといわゆる「Fラン大学」の学生だったが、大学を卒業してもまったく就職できなかったので、一念発起して早稲田大学に入り直したところ、卒業の時点で就職先は選び放題だったという。

もちろん深田さんの何かが変わったわけではない。同じ人間なのに、最終学歴という「ラベル」が変わっただけで、就職活動の結果はまるで違うということだ。

深田さんは「学歴差別があることは理解していたが、こんなにひどいものとは思わなかった」と語っていた（深田萌絵・森永卓郎『身分社会』〔かや書房〕で詳述している）。

いまの日本では親の所得が子どもの最終学歴を決めると言われている。富裕層の子どもでなければ、よい大学に行けなくなっているということだ。

たとえば、東京大学の学生の親の平均年収は高いことが知られている。東大学生委員会が二〇二一年三月に実施した調査によると、世帯年収が一〇五〇万円以上と答えた学生は四二・五パーセントにも上っている。

要するに、親が金持ちでなければ東大に行けなくなっているのだ。

ちなみに私が東大に入ったのは一九七六年だが、当時の授業料はいまよりも断然安く、年間九万六〇〇〇円だった。いまは年五三万円程度も必要だが、東大はさらに上げると宣言しており、学生の間には反対運動も起きているという。

また、かつてはお金のない学生向けの環境がいまより整っていた。たとえば、かつての学生は下宿や学生寮で暮らすのが当たり前だった。東大にも駒場寮というボロボロの学生寮があって、ほとんどタダに近い家賃で入居できた。

昔は、能力と意欲があればお金がなくても東大に行けたということ。元明石市長の泉房穂氏はその好例で、苦労して東大を卒業し、今日の活躍に繋がっているという。

ただ、東大の駒場寮も二〇〇一年に廃寮になってしまった。いまは親がお金持ちでなければ、いい大学に通えなくなってしまった。

これはグローバルスタンダードではない。ヨーロッパの場合、国立大学の学費は基本的にタダという国がほとんど。日本も当然そうすべきだ。

日本の全国立大学の授業料をタダにするのに必要なお金は数千億円程度だ。もちろんそれなりの予算規模ではあるが、日本の国家予算の規模から考えれば微々たる金額だ。できないはずがない。

学歴を乗り越えるために

身分社会である日本で、学歴を得られなかった場合はどうすればよいのか。

私が教えている獨協大学の学生は、特別金持ちというわけではなく、普通の子が多い。学費をすべて親が出している家庭は一〜二割くらいで、ほとんどの学生はバイトをして補っている。

私は学生が社会で活躍するために何を教えるべきかをずっと研究してきたが、一つの結論として、「徹底的にプレゼンテーション能力の向上を図る」という考えにたどり着いた。

私のゼミでは、最初の半年間は集中的にプレゼンのトレーニングをやる。それこそ芸人養成所の「吉本ＮＳＣ」かのように、人前で一発芸をやってみたり、川柳を作ってみたりと、いろいろなパフォーマンスをやらせている。

実は、これを半年間やるだけで、学生のアウトプット能力は大きく向上する。学生二人を選び、三〇分のネタ合わせ時間を与えて漫才をやらせても、全員できるようになった。

また、「本人がやりたいことをやらせる」ことも徹底している。

ちなみに、学生のクリエイティブ能力を向上させる方法についてずっと悩んでいたのだが、結論として「クリエイティビティを外から育てることはできない」ことがわかった。本人にその気がなければ、知識や技術・技能、そしてセンスを成長させるのは難しい。

代わりに、やりたいことは何でも片っ端からやってみろ、と指導するようにしている。そうやっていると、いずれは「自分が本当にやりたいもの」が見つかる。学生たちには、「人生の早いうちに目標を見つけられるかどうかが勝負の分かれ目だぞ」と話をしている。

一方で、辛い経験もあった。

ゼミ生の中で、学費が払えず中退した学生がいた。親が自営業で、コロナ禍で商売がうまくいかなくなり、中途退学を余儀なくされたという。もう少しで卒業できるというタイミングだったので、本当にもったいなかった。

代わりに学費を払おうかとさえ思ったのだが、周囲の反対にあって断念した。その学生だけを支援すると、不公平にあたるからという理由だった。

結局その学生は大学を中退することになったが、もともと有能な学生なので、いまはネット業界の第一線でバリバリ頑張っている。ただ、やはりこうした学生にこそ、大学の学位を取ってほしかったといまだに悔やんでいる。

いまの日本には、こういう時にサポートする制度さえないのだ。

これについて泉氏にも聞いてみたが、明石市では市として学費を負担したという。そして「本来自治体がやる話じゃなく、国がやるべきだ」ともおっしゃっていた。

面接で逆転する方法

私のゼミで「ゼミ長」をやっていた学生が、大手電機メーカーの最終面接まで行ったことがある。その会社は「技術力」「国際展開」「成長性」の三つが売りだったが、面接の最後に役員が、「志望動機を説明してほしい、ただし『技術力』『国際展開』『成長性』の三つ以外で」と質問した。予想外の質問に混乱する学生が多い中、うちのゼミ長だけは瞬時に答えられたという。

結果、内定を得たのは彼だけだった。彼が答えられたのは、普段からプレゼンのトレーニングを積んでいたおかげだろう。

私が勤務する獨協大学はいわゆる「Fラン大学」ではないが、早稲田や慶應といったエリート大学に比べると、就職活動におけるアドバンテージはさほど高くない。エントリーシートで落とされることもよくある。

ただ、私のゼミの学生は、プレゼンのトレーニングを積んでいるので、面接まで持ち込めば高確率で内定を獲得できている。

こういうプレゼンのトレーニングは、エリート大学のカリキュラムにはないもの。こういう分野を伸ばしていくことで、学歴の差を乗り越える一つの手段となる。

もう一つ、思うように学歴を得られなかった場合、大企業に入ってサラリーマンとして出世することを目指すより、さっさと起業してしまうのも一つの手だ。

私が初めてゼミを受け持ったのは一九年前だが、そのころの学生は上場企業への就職を目指すのが当たり前だった。新卒で上場企業に就職できなかった学生も、ほとんどの場合、キャリアのどこかで上場企業に転職している。

ただ、ここ数年で学生の意識がガラっと変わった。いまの若い世代は上場企業への就職より、学生のうちに起業することを目指す人が増えている。

ちなみに私のゼミ出身者で一番稼いでいる学生は、学生時代にアメリカへ行って、そこでの経験をもとに、「一人で動画やCMを制作する」というビジネスを始めた。企画、台本、キャスティング、撮影、編集、納品まで全部一人だから、CM一本一〇〇万円といった格安料金で制作できるわけだ。

それがウケたのか、大量の注文が来て、学生時代からかなりの収益をあげていた。本人が卒業式の前に「六〇〇〇万円の仕事を受注した」と言ってきたほどだ。

ほか、私のゼミ出身者からは放送作家も出ている。人気芸人の台本を書いていて、業界では将来大物になると言われているらしい。

ただ、テレビ業界では「森永卓郎の教え子」だとわかるとマイナスなので、本人は私のゼミ出身という経歴をひた隠しにしているそうだ（笑）。

いまの学生はどんどんチャレンジする

私のゼミに入ると、三年生の時に「最大のステージ」が待っている。学生に持ち時間一〇〇分を与え、自分一人で授業をやるというものだ。企画、構成、台本、全部一人でプロデュースし、見ている人を飽きさせずに一〇〇分間パフォーマンスをする。テーマは何を選んでも構わない。表現手法も完全な自由だ。

結局、クリエイティビティを鍛えるには、クリエイティビティを発揮する舞台を与えるのが一番だ。クリエイティブ能力を指導することはできないので、こういうことしかできないともいえる。

ただ、普通のエリート大学には、こういう舞台が用意されていない。私のゼミは、それを用意しているのだ。

バリスタになって、コーヒーを全員に振る舞った学生もいた。あまり焙煎していないフルーティーな浅焙《あさい》りと言われるコーヒーがあるのだが、それを飲ませてくれた。その学生はいま自分のコーヒーチェーンを立ち上げようと頑張っている。

もちろん、プレゼン能力やクリエイティブ能力を鍛えたからといって、社会ですぐにうまくいくとは限らない。そもそも、起業したからといって、全員が成功するわけでもない。結構な確率で失敗する。私の印象だと、ベンチャーをやってうまくいく確率は一〇人に一人ぐらいだが、いまの学生はそれでも次々にチャレンジしている。時代が大きく変わろうとしているのかもしれない。

第八章

「自己責任おじさん」にどう対抗するか

森永康平

「親の所得が子どもの学歴に影響」を掲げる格差是正案

学歴社会では格差が再生産されるという議論がある。

教育にはお金がかかるので、富裕層の子どもはいい大学に進学して、高所得の仕事につくことができる。一方、貧しい家庭の子どもはいい大学に進学するのが難しいため、自然と低所得の仕事につくしかなくなる。こうして格差が次の世代に受け継がれていく、というものだ。

これを止めるために、富裕層に課税し、格差を縮小しなければならない、というわけだ。

たとえばインターナショナルスクールに通うには高い学費を払う必要があるし、お金をかけて塾に通うほうが、受験には有利かもしれない。

ただ、子どもの進学先は、お金だけで決まるわけではない。子ども自身の学習意欲とか、優れた教師と出会えるかどうかなど、さまざまな要素が影響する。

それこそ、インターネット上には無料の学習コンテンツがたくさんアップされている。お金をかけなくても、色んなことを学ぶことができる。その意味では、昔よりも教育機会の格差は縮まっているだろう。

もちろん、親の所得によって有利・不利はあるだろう。個人的にいろいろな家庭を見て思ったことだが、結局親が裕福な子どものほうが、学習意欲が高くなる機会を多く与えられており、幼少期からインターネットを使いこなして学習していたりもする。

ただ、格差はかつてほど絶望的なものではなくなっているのではないか。それこそ戦前や一九世紀なら、貧しい家庭の子どもは教育を受けられなかった。だが、いまの状況はそこまで絶望的ではない。教育制度の整備やテクノロジーの進化が格差をある程度緩和しているからだ。

そういうことも踏まえると、いま日本がやるべきなのは「格差縮小を目指す」政策ではない。むしろ「全員の所得を増やす」政策を優先すべきだ。

もちろん、富裕層と庶民のギャップを埋める政策も必要だが、先に触れたように、金融所得課税の実効性については疑問を持っている。

そもそも、金融所得課税くらいでは富裕層はダメージを受けないだろう。若干収入が減っても、ほかにたくさんの収入があるからだ。金融所得課税だけで格差を縮小できるかは疑問だ。

むしろ「金持ちをやっつけてやった」という、庶民のうっぷん晴らしにしかならないのではないか。

与党がこれを利用して、政権の支持率をあげようとするかもしれない。そういう意味で、単なるポピュリズム的政策とも言えるだろう。

学歴差別はやむを得ない

金融業界は所得水準が高いことで知られているが、働いている人はいわゆる高学歴の人が多い。つまり、学歴が高い人ほど高所得の業界に集まっているわけだ。これを見ると、たしかに学歴による差別は問題であり、政策によって解消しなければならない、という気もする。

ただ一方、企業側には学歴で選抜するしかないという事情もある。

大企業には立派な人事部があり、人事担当者も複数人いるが、良くも悪くも彼らはサラリーマンだ。前述したように、サラリーマンは決められたことを決められた通りにこなす必要がある。大企業の人事だから、人材の目利き力を持っているかというと、必ずしもそうではないし、仮に持っていたとしても、組織のルールが優先だからそうそう発揮できない。

面接時に「尖った学生で面白いな」と思ったとしても、個人の意見だけで採用を決められるわけではない。しかも、その尖った学生が高卒だとか、学歴にキズがあったりすると、サラリーマンの社会は採用に慎重になりがちだ。

その学生が入社した後に活躍してくれればいいが、もしフィットしなければ、採用した人事の責任を問われてしまうからだ。

一方、それほど尖った人材ではないが、東大卒の学生なら、フィットしなくても人事の責任にはなりにくい。「東大卒だから大丈夫だと思った」と言い訳できるからだ。

もちろん、「実際に有能な人材」より、「自分たちの責任が問われない人材」を採用する会社は問題だが、現実にはそういう人事部もたくさんあるということだ。

ある大きな会社の創業者の方が、結局、高学歴人材を採用するほうが「当たりの可能性が高い」とおっしゃっていた。

中卒や高卒、偏差値が高くない大卒の中にも、素晴らしい人材はいる。だが、それを選抜するのは難しい。とくに会社の規模が大きくなると、応募者全員を社長が面接するわけにはいかない。採用基準をルール化して組織的に進める必要がある。そういう時により成功確率が高い「採用ルール」として、学歴という客観的なスペックは有効だという。

要するに、学歴差別は良くないが、企業としてはある程度やむを得ない面もあるということ。

社会が公平で正しく運営されることは理想だが、現実には問題だらけだ。一つ一つの問題を取り上げて非難すれば解決するわけでもない。

「マクロ」としては、そうした学歴偏重の社会を改善する取り組みも必要だろう。ただ「ミクロ」すなわち「個人の生き方」としては、現状を認め、諦めて適応するほうが得なこともある。

逆説的な話になるが、私は能力が低いほど学歴を追い求めるべきで、能力が高いのなら学歴にこだわる必要はなく、早々に経験値を積むべきと考えている。いま大学受験の結果を受けて、浪人するかどうかを悩んでいる方はぜひ自分の能力を見極めてみてほしい。

「学歴だけ立派なポンコツ」はなぜ生まれるのか

学歴による選抜は、ほかの選抜方法に比べて比較的平等だという意見もある。「試験の点数で決まる」というのは、「親の地位や財産は関係ない」ということでもある。先にも触れたように、ある程度教育にお金を使えるほうが有利だろうが、現代においては「教育は貴族しか受けられない」というわけではない。学力という「実力」で決まる割合が大きいと考えられる。

学歴を使わない選抜方法にすると、選ぶ側の主観が入るし、それこそコネがあるほうが有利になってしまう。

もちろん、「学歴だけ立派なポンコツ」もたくさんいる。だから学歴偏重社会が実力主義になっていない面も大きい。ただ、学歴による選抜をやめれば公平になって格差がなくなる、というわけではない。むしろ、より格差が広がる可能性もある。

そもそも大学卒業時の学生の実力にそれほど大きな差はない。東大卒だろうが無名大学卒だろうが、どのみち自分でできることは限られている。

要は、学歴偏重社会だろうが、そうでなかろうが、その中でどう生きていくかが最も重要ということだ。

その意味で、父の言うように、プレゼン能力やクリエイティブ能力を伸ばすのは有効な方法だろう。面接で人材を見極めるのはとても難しいので、プレゼン力が高い人のほうが有能に見えて有利だ。

ただ、上辺だけ誤魔化そうと考えてはならない。結局入社したところで通用しなければ本末転倒なので、仕事の能力もしっかり高めていく必要がある。ある意味、そうやってしたたかにキャリアを形成していく力が、本当に必要な能力なのかもしれない。

逆転の方法はたくさんある

繰り返しになるが、マクロの話とミクロの話は分けなければならない。

マクロの経済政策が正しくても、その中で個人の生き方が間違っていて不幸になることもある。逆に、マクロの経済政策が間違っていても、個人で幸せになることは可能だ。ただ、個人の生き方がうまくいっていないことを、マクロのせいにしても意味はない。国がダメでも、個人としてうまくいった人はたくさんいる。マクロに期待するよりも、自分にできることを最大限やったほうが人生はうまくいくだろう。

こういうと、自己責任論のように聞こえるかもしれない。そうではなく、あくまでマクロ政策では弱者を切り捨てるのではなく、国全体の幸福を考えるべきだ。

一方で、ミクロ、すなわち個人の生き方としては、自分の人生に責任を持ちましょう、ということだ。

先ほども述べたように、テクノロジーの進歩は、個人でやれることを増やしてくれた。昔よりも国に頼らなくて済むようになっているはずだ。

昔は受験に失敗した場合、その後の人生で大きなデメリットを抱えることになったが、今は人生を逆転する方法がたくさんある。学歴がなくても成功した人はたくさんいるし、YouTubeで稼ぐ人だっている。少し前ならブロガーとして一財を成した人もいる。だから、国がダメ、政治がダメと人のせいにしていても仕方がない。自分のためにやれることをどんどんやっていくほうが、成功に近づけるだろう。

家庭環境の良し悪しは「結果」が決める

同じ理由で、人生がうまくいかない理由を「親ガチャ」のせいにしても仕方がない。私自身もこれまで「親ガチャの勝ち組」だと批判されることがしばしばあった。要は私がメディアで仕事できているのは、有名な経済アナリストである父のおかげだ、と言う人もいたということだ。

もちろん、父の存在が私の仕事に影響している面もあるだろう。ただ、それは私が狙って仕組んだものではない。他の人と同じく、私も親を選んで生まれてきたわけではないからだ。

「親ガチャ」という言葉を使う人は、「子どもの人生のすべては親が決める」と思っているのだろう。だが、むしろ、子どもの人生という結果によって過去の評価を決められるのが、人生の本質ではないだろうか。

仮に貧しい家庭に生まれた人が、努力の結果、経済的に成功したとする。その場合、その人の生まれも、成功の一因と見なされることがある。つまり、貧しい環境で鍛えられたから、後の人生で成功できたと見られるわけだ。

逆に、裕福な家に生まれた人が、成人してから自堕落な人生を歩んだ場合、裕福な家で苦労せず育ったことが悪い結果をもたらした、と見られるはずだ。

要するに、その人にとって、家庭環境がプラスかマイナスかは、「結果」で判断されるということだ。

逆に、結果が出ていないのに、「親ガチャ」という言葉を使って、「生まれが裕福か貧乏か」を論じることに意味はない。

そういう考え方だと、「自分が貧乏なのは、親ガチャのせいだ」と、いつまでも環境のせいにして現実逃避することになりかねない。その結果、不幸になるのは本人だ。

もちろん、本書で何度も述べているように、金持ちの家に生まれるほうが有利なのは間違いない。だが、個人が幸せになるかどうかがそれだけで決まるわけではない。

私のことを「金持ちの家に生まれている」と思う人もいるかもしれないが、事実はまったく異なる。

そもそも、父がメディアで有名になったのは最近のことでしかない。それまでは一介のサラリーマンだった。大企業の創業者でもないし、私の家が人とくらべて特別裕福だったわけではない。そこまで「金持ちキャラ」ではないはずだ。

また、父が有名な分、父への批判が私にも向けられがち、というデメリットもあったりする。「親がダメだからお前もダメだ」といった論法で批判されることがあるのだ。

こういう批判をかれこれ一〇年以上受けてきたので、もはや慣れっこになってしまった。結局、「親ガチャ」と批判する人にとって、批判すること自体が目的であり、親のことは後付けに過ぎないのだろう。

親が裕福だったり、有名であっても、それがデメリットになることも大いにあるし、生まれた環境を活かせるかどうかも本人次第、ということだ。

「闇バイトと立ちんぼ」は経済問題

そうした批判を受けてきたからこそ、私はいわゆる「格差問題」についてドライに見がちなのかもしれない。ただ、生まれがどうであろうが、成功するかどうかは本人の努力次第という世の中のほうが健全ではないだろうか。

だから富裕層の課税を強化することで、いわば力ずくで格差を縮める政策にはあまり賛同できない。そもそも、繰り返し述べている通り、いま日本が取り組むべきなのは、「全員の所得を上げる政策」に他ならない。

格差を過剰に気にして、「一部の所得を下げる政策」を優先して実行するのは間違いだと思う。「増税が必要」「財源が足りない」という議論にすり替えられて、何も進まないのがオチだろう。

もちろん、格差の存在を許容しているわけではない。

とくに近年は日本でも格差が拡大していることを実感する。

「闇バイト」が世間を騒がせているほか、新宿・歌舞伎町で「立ちんぼ」が増加しているのも、背景に格差拡大があると見て間違いないだろう。

こういう風景を見るだに、日本は発展途上国に戻りつつあるとつくづく実感する。犯罪の増加と、貧しい人の増加は間違いなくリンクしているからだ。

ただ結局、これだけ格差が拡大したのも、元はといえば、日本経済が長期のデフレに苦しんできた結果だ。

「自己責任おじさん」の身勝手な論法

その間に何があったかというと、日本経済全体が成長しない一方、政治家や有識者や、メディアの論客たちの間では、アメリカ流の「自己責任論」が跋扈してきた。

結局、政府の要人は「日本経済が成長しないのは、民間企業が努力をせず、生産性を向上させていないからだ」と見ているわけだ。

企業が生産性を上げるために投資できる環境を作りもせず、「解雇もできない日本企業はぬるま湯」とレッテルを貼り、「貧乏は自己責任」として、弱者を救済する予算をどんどん削減しただけでなく、それを「財政健全化のため」と開き直ってきたわけだ。

経済政策ではアメリカ流を見習わないくせに、倫理観だけはアメリカっぽくありたいという「自己責任おじさん」は結構多い。

アメリカは経済全体を成長させるために、財政を拡大してきたわけだが、日本はそういう政策をまったくやってこなかった。一方で、マクロ政策に「弱者を保護するのは間違っている」という思想を持ち込み、弱肉強食を強化してきたわけだ。

先にも触れたが、ミクロすなわち個人の生き方のレベルでは、自己責任論を取るべきだと思うが、マクロ政策に自己責任論を持ち込んではならない。

ずっと「貧乏は自己責任」としてきた結果、貧しさのあまり犯罪に手を染める若者が増えてしまったわけだ。闇バイトや立ちんぼに手を出す若者に、「金持ちがお金を取られても、それは自己責任だ」と言われれば、「自己責任おじさん」には返す言葉もないだろう。

結局、貧乏な子どもを救う政策をとらず、「お前らが悪い」と放置した本人が、その責任をとる番が来ているわけだ。実際、いわゆる特殊詐欺のマニュアルには、「富裕層の高齢者からお金を奪うのは正義だ」といった文言が書かれていると聞く。

結局、自己責任論というものは、言った当人に返ってくるわけだ。情けは人のためならず。そもそも自己責任という言葉は自分自身に向ける言葉であり、他人に吐き捨てる言葉ではない。

闇バイトグループの間では、富裕層のリストが出回っていると聞く。このまま社会の劣化が進めば、「勝ち組」のはずの富裕層も、いつ襲われるかヒヤヒヤしながら暮らす羽目になろう。

そうならないためにも、「一部を貧しくする政策」ではなく、「国全体が豊かになる政策」が必要なのだ。

あとがき

森永康平

経済政策、エネルギー政策、格差問題、資産運用など、非常に幅広いテーマについて、父と私の考えを書いてきた。あまりにもテーマが多岐にわたることから、一気に読んでいただいた方の中には論点整理をすることが難しかったという感想を持つ方もいただろう。また、父と私の間で意見が一致する点もあれば、真逆の見解となる点もあり、読んでいて混乱したかもしれない。しかし、親子であってもすべての点において意見が一致することなどあるはずがなく、本書ではたまたまテーマが政治経済であっただけであり、親子で意見が合わないのはどの家庭でもみられる事象なのではないか。

二〇二四年は父と仕事で対談をすることが多かった。その理由は二〇二三年一二月下旬に父がステージ4のがんであることと、医師から余命四ヵ月と宣告されたことを世間に公表したからなのかもしれない。息子である私は同年の一一月上旬には聞かされていたので、気持ちを整理しつつもある程度の覚悟は決めていたが、なんだかんだで余命宣告をされてから既に一年以上が経とうとしている。家族としては嬉しい事ではあるものの、この間に何冊も書籍を出しているため「死ぬ死ぬ詐欺」とまで言われていることには苦笑いせざるを得ない。

父とは特に資産運用の分野では意見が真逆に近い状態なので、メディア的には対談させると面白いのかもしれないが、個人的には対談していても疲れるだけである。しかし、違う意見は聞いているだけでも疲れるものの、時として新たな発見ももたらしてくれる。

SNS全盛のネット社会の現代においては、自分と異なる意見は目につかないようにアルゴリズムが作用し、同じ意見ばかりに囲まれて自分の考えが凝り固まっていくエコーチェンバーが生じる。その考え方が本当に正しいものであればそれで問題はないのかもしれないが、外部環境が絶えず変化していく中において、常に正しい考えというものはそれほど多くないだろう。

ダイバーシティの重要性が説かれるようになった昨今、仕事で「多様性」の重要性を声高に叫ぶ方とも会話する機会を与えられることがあるのだが、得てしてそのような方ほど自分と違う意見を述べられると顔を真っ赤にして怒る印象がある。口先では多様性の重要性を説きながら、実際には非常に排他的で同質性を求める矛盾に人間っぽさを感じたりもするのだが、たぶん友達にはなれそうにない。

話が少しそれたが、本書では政治経済を軸に一冊の中で異なる論点が大量に出てきている。一冊を通して親子どちらかの意見に賛同する必要はない。これに関しては父、これに関しては私という感じで、論点ごとに賛同する部分は変わるだろうし、場合によっては両方とも賛同できず、別の意見を持つこともあるだろう。
私はそれでいいと思う。私自身も父や自分の考え方が絶対に正しいとは思っていない。他人の意見を聞くことで自身の考え方を修正することもある。本書が読者の方の意見をより素晴らしいものにする手助けとなり、多くの国民が意見を交わすことで国がより良い方向に進んでいってくれればうれしく思う。

二〇二五年一月

森永卓郎

経済アナリスト。獨協大学経済学部教授。1957年、東京都生まれ。2025年1月没。1980年、東京大学経済学部卒。日本専売公社（現在のJT）に入社し「管理調整本部主計課」に配属。近著に『ザイム真理教　それは信者8000万人の巨大カルト』『書いてはいけない　日本経済墜落の真相』（ともに三五館シンシャ）などがある。

森永康平

闘う経済アナリスト。1985年、埼玉県所沢市生まれ。証券会社や運用会社にて株式市場や経済のリサーチ業務に従事。その後、インドネシア、台湾などアジア各国にて新規事業の立ち上げや法人設立を経験し、事業責任者やCEOを歴任。現在、株式会社マネネCEO。日本証券アナリスト協会検定会員。経済産業省「物価高における流通業のあり方検討会」委員。YouTubeチャンネル『森永康平のリアル経済学』『森永康平のビズアップチャンネル』を運営する。EXECUTIVE FIGHT 初代 55kg級 王者。

講談社＋α新書　**96-2 C**

この国《くに》でそれでも生《い》きていく人《ひと》たちへ

2025年3月 4 日第1刷発行
2025年3月26日第3刷発行

発行者――――― **篠木和久**
発行所――――― **株式会社 講談社**
東京都文京区音羽2-12-21 〒112-8001
電話 編集（03）5395-3522
販売（03）5395-5817
業務（03）5395-3615

デザイン――――― **鈴木成一デザイン室**
編集協力――――― **名古屋剛**
カバー印刷――――― **共同印刷株式会社**
印刷――――― **株式会社新藤慶昌堂**
製本――――― **株式会社国宝社**

KODANSHA

定価はカバーに表示してあります。
落丁本・乱丁本は購入書店名を明記のうえ、小社業務あてにお送りください。
送料は小社負担にてお取り替えします。
なお、この本の内容についてのお問い合わせは第一事業本部企画部「＋α新書」あてにお願いいたします。

Printed in Japan
ISBN978-4-06-538882-2

講談社＋α新書

「平成日本サッカー」秘史　熱狂と歓喜はこうして生まれた
小倉純二
Jリーグ発足、W杯日韓共催――その舞台裏にもまた「負けられない戦い」に挑んだ男達がいた
1012円 817-1 C

メンタルが強い人がやめた13の習慣
エイミー・モーリン　長澤あかね 訳
一番悪い習慣が、あなたの価値を決めている！最強の自分になるための新しい心の鍛え方
990円 818-1 A

メンタルが強い子どもに育てる13の習慣
エイミー・モーリン　長澤あかね 訳
子どもをダメにする悪い習慣を捨てれば、〝自分を律し、前向きに考えられる子〟が育つ！
1045円 818-2 A

人間関係が楽になる神経の仕組み　脳幹リセットワーク
藤本靖
わりばしをくわえる、ティッシュを噛むなど、たったこれだけで芯からゆるむボディワーク
990円 819-1 B

もの忘れをこれ以上増やしたくない人が読む本　脳のゴミをためない習慣
松原英多
今一番読まれている脳活性化の本の著者が、「すぐできて続く」脳の老化予防習慣を伝授！
990円 820-1 B

全身美容外科医　道なき先にカネはある
高須克弥
「整形大国ニッポン」を逆張りといかがわしさで築き上げた男が成功哲学をすべて明かした！
968円 821-1 A

世界のスパイから喰いモノにされる日本　MI6、CIAの厳秘インテリジェンス
山田敏弘
世界100人のスパイに取材した著者だから書ける日本を襲うサイバー嫌がらせの恐るべき脅威！
968円 822-1 C

空気を読む脳
中野信子
日本人の「空気」を読む力を脳科学から読み解く。職場や学校での生きづらさが「強み」になる
946円 823-1 C

生贄探し　暴走する脳
中野信子　ヤマザキマリ
「世間の目」が恐ろしいのはなぜか。知っておきたい日本人の脳の特性と多様性のある生き方
968円 823-2 C

笑いのある世界に生まれたということ
中野信子　兼近大樹
「笑いの力」で人生が変わった人気漫才師が脳科学者と、笑いとは何か、その秘密を語り尽くす
990円 823-3 C

呪《まじない》の脳科学
中野信子
ウソ、中傷、励まし、誉め言葉――。幸不幸を左右する言葉が脳に与える影響を解き明かす
990円 823-4 C

表示価格はすべて税込価格（税10%）です。価格は変更することがあります

講談社＋α新書

ソフトバンク崩壊の恐怖と農中・ゆうちょに迫る金融危機
黒川敦彦
巨大投資会社となったソフトバンク、農家の預金等１０８兆を運用する農中が抱える爆弾とは
924円 824-1 C

ソフトバンク「巨額赤字の結末」とメガバンク危機
黒川敦彦
コロナ危機でますます膨張する金融資本。崩壊のXデーはいつか。人気YouTuberが読み解く。
924円 824-2 C

次世代半導体素材ＧａＮの挑戦 22世紀の世界を先導する日本の科学技術
天野浩
ノーベル賞から6年——日本発、21世紀最大の産業が出現する!! 産学共同で目指す日本復活
968円 825-1 C

会計が驚くほどわかる魔法の10フレーズ
前田順一郎
この10フレーズを覚えるだけで会計がわかる！「超一流」がこっそり教える最短距離の勉強法
990円 826-1 C

ＥＳＧ思考 激変資本主義１９９０―２０２０、経営者も投資家もここまで変わった
夫馬賢治
世界のマネー３０００兆円はなぜ本気で温暖化対策に動き出したのか？ 話題のＥＳＧ入門
968円 827-1 C

超入門カーボンニュートラル
夫馬賢治
カーボンニュートラルから新たな資本主義が誕生する。第一人者による脱炭素社会の基礎知識
946円 827-2 C

内向型人間が無理せず幸せになる唯一の方法
スーザン・ケイン 古草秀子 訳
成功する人は外向型という常識を覆した全米ミリオンセラー。孤独を愛する人に女神は微笑む
990円 828-1 A

トヨタ チーフエンジニアの仕事
北川尚人
ＧＡＦＡも手本にするトヨタの製品開発システム。その司令塔の仕事と資質を明らかにする
968円 829-1 C

ダークサイド投資術 元経済ヤクザが明かす「アフター・コロナ」を生き抜く黒いマネーの流儀
猫組長（菅原潮）
恐慌と戦争の暗黒時代にも揺るがない「王道の投資」を、元経済ヤクザが緊急指南！
968円 830-1 C

カルト化するマネーの新世界 元経済ヤクザが明かす「黒い経済」のニューノーマル
猫組長（菅原潮）
投資の常識が大崩壊した新型コロナ時代に、元経済ヤクザが放つ「本物の資産形成入門」
968円 830-2 C

シリコンバレーの金儲け
海部美知
「ソフトウェアが世界を食べる」時代の金儲けの法則を、中心地のシリコンバレーから学ぶ
968円 831-1 C

表示価格はすべて税込価格（税10％）です。価格は変更することがあります

講談社+α新書

認知症の人が「さっきも言ったでしょ」と言われて怒る理由　5000人を診てわかったほんとうの話
木之下　徹
認知症一〇〇〇万人時代。「認知症=絶望」ではない。「よりよく」生きるための第一歩
968円　832-1　B

成功する人ほどよく寝ている　最強の睡眠に変える食習慣
前野博之
記憶力低下からうつやがんまで、睡眠負債のリスクを毎日の食事で改善する初のメソッド!
990円　833-1　B

健康本200冊を読み倒し、自身で人体実験してわかった　食事法の最適解
国府田　淳
これが結論! ビジネスでパフォーマンスを240%上げる食べ物・飲み物・その摂り方
990円　834-1　B

なぜネギ1本が1万円で売れるのか?
清水　寅
ブランド創り、マーケティング、営業の肝、働き方、彼のネギにはビジネスのすべてがある!
968円　835-1　C

藤井聡太論　将棋の未来
谷川浩司
人間はどこまで強くなれるのか? 天才が将棋界を席巻する若き天才の秘密に迫る
990円　836-1　C

藤井聡太はどこまで強くなるのか　名人への道
谷川浩司
最年少名人記録を持つ十七世名人が、名人位に挑む若き天才と、進化を続ける現代将棋を解説
990円　836-2　C

わが子に「なぜ海の水はしょっぱいの?」と聞かれたら?　尊敬される大人の教養100
「大人」とは何か?研究所　編
地獄に堕ちたら釈放まで何年かかる? 会議、接待、スピーチ、家庭をアゲる「へえ?」なネタ!
858円　837-1　C

なぜニセコだけが世界リゾートになったのか　「地方創生」「観光立国」の無残な結末
高橋克英
地価上昇率6年連続一位の秘密。新世界「ニセコ金融資本帝国」に苦境から脱するヒントがある。
990円　838-1　C

就活のワナ　あなたの魅力が伝わらない理由
石渡嶺司
インターンシップ、オンライン面接、エントリーシート……。激変する就活を勝ち抜くヒント
1100円　839-1　C

考える、書く、伝える　生きぬくための科学的思考法
仲野　徹
名物教授がプレゼンや文章の指導を通じ伝授する、仕事や生活に使える一生モンの知的技術
990円　840-1　C

この国を覆う憎悪と嘲笑の濁流の正体
青木　理
安田浩一
ネットに溢れる悪意に満ちたデマや誹謗中傷、その病理を論客二人が重層的に解き明かす!
990円　841-1　C

講談社＋α新書

「正しい戦争」は本当にあるのか　藤原帰一
核兵器の使用までちらつかせる独裁者に世界はどう対処するのか。当代随一の知性が読み解く　990円 853-1 C

絶対悲観主義　楠木建
巷に溢れる、成功の呪縛から自由になる。フツーの人のための、厳しいようで緩い仕事の哲学　990円 854-1 C

人間ってなんだ　鴻上尚史
「人とつきあうのが仕事」の演出家が、現場で格闘しながらずっと考えてきた「人間」のあれこれ　968円 855-1 C

人生ってなんだ　鴻上尚史
たくさんの人生を見て、修羅場を知る演出家が考えた。人生は、割り切れないからおもしろい　968円 855-2 C

世間ってなんだ　鴻上尚史
中途半端に壊れ続ける世間の中で、私たちはどう生きるのか？　ヒントが見つかる39の物語　990円 855-3 C

奇跡の小売り王国　「北海道企業」はなぜ強いのか　浜中淳
ニトリ、ツルハ、DCMホーマックなど、北海道企業が各業界のトップに躍進した理由を明かす　1320円 856-1 C

その働き方、あと何年できますか？　木暮太一
ゴールを失った時代に、お金、スキル、自己実現を手にするための働き方の新ルールを提案　968円 857-1 C

脂肪を落としたければ、食べる時間を変えなさい　柴田重信
肥満もメタボも寄せつけない！　時間栄養学が教える3つの実践法が健康も生き方も変える　968円 858-1 B

2002年、「奇跡の名車」フェアレディZはこうして復活した　湯川伸次郎
かつて日産の「V字回復」を牽引した男がフェアレディZの劇的な復活劇をはじめて語る！　990円 859-1 C

世界で最初に飢えるのは日本　食の安全保障をどう守るか　鈴木宣弘
人口の六割が餓死し、三食イモの時代が迫る。農政、生産者、消費者それぞれにできること　990円 860-1 C

中学生から大人まで楽しめる　算数・数学間違い探し　芳沢光雄
中学数学までの知識で解ける「知的たくらみ」に満ちた全50問！　数学的思考力と理解力を磨く　990円 861-1 A

表示価格はすべて税込価格（税10%）です。価格は変更することがあります

講談社＋α新書

昔は解けたのに……
大人のための算数力講義
芳沢光雄
数的思考が苦手な人の大半は、算数で躓いている。いまさら聞けない算数の知識を学び直し
1320円 861-2 C

高学歴親という病
成田奈緒子
なぜ高学歴な親ほど子育てに失敗するのか？山中伸弥教授も絶賛する新しい子育てメソッド
990円 862-1 C

悪党 潜入300日 ドバイ・ガーシー一味
伊藤喜之
「日本を追われた者たち」が生み出した「爆弾告発男」の本当の狙いとその正体を明かす！
1100円 863-1 C

完全シミュレーション 台湾侵攻戦
山下裕貴
来るべき中国の台湾侵攻に向け、日米軍首脳は分析を重ねる。「机上演習」の恐るべき結末は──
990円 864-1 C

ナルコスの戦後史 ドラッグが繋ぐ金と暴力の世界地図
瀬戸晴海
ヤクザ、韓国反社、台湾黒社会、メキシコカルテル、世界の暴力金脈を伝説のマトリが明かす
1100円 865-1 C

The アプローチ スコアを20打縮める「残り50ヤード」からの技術
タッド尾身
タイガー、マキロイ、ミケルソンも体現した欧米式ショートゲームで80台を目指せ！
1100円 866-1 C

「山上徹也」とは何者だったのか
鈴木エイト
安倍晋三と統一教会は彼に何をしたのか、彼の本当の動機とは、事件の深層を解き明かしてゆく
990円 868-1 C

在宅医が伝えたい「幸せな最期」を過ごすために大切な21のこと
中村明澄
相続・お墓など死後のことだけでなく、じつは大切な「人生の仕舞い方」のヒントが満載
990円 869-1 B

「人口ゼロ」の資本論 持続不可能になった資本主義
大西広
なぜ少子化対策は失敗するのか？　日本最大の難問に「慶應のマル経」が挑む、待望の日本再生論
990円 870-1 C

薬も減塩もいらない 1日1分で血圧は下がる！
加藤雅俊
血圧を下げ、血管を若返らせる加藤式降圧体操を初公開。血圧は簡単な体操で下がります！
968円 871-1 B

1日3分！ 血圧と血糖値を下げたいなら血管を鍛えなさい
加藤雅俊
血管は筋肉です！　つまり、鍛えることができます。鍛えるための画期的な体操を紹介します
968円 871-2 B

表示価格はすべて税込価格（税10％）です。価格は変更することがあります

講談社＋α新書

この間取り、ここが問題です！
船渡 亮
間取りで人生は大きく変わる！ 一見よさそうな間取りに隠された「暮らしにくさ」とは!?
1034円 872-1 D

俺たちはどう生きるか 現代ヤクザのカネ、女、辞め時
尾島正洋
スマホも、銀行口座も持てないのになぜヤクザを続けるのか。新たなシノギと、リアルな本音
990円 873-1 C

国民は知らない「食料危機」と「財務省」の不適切な関係
鈴木宣弘 森永卓郎
日本人のほとんどが飢え死にしかねない国家的危機、それを放置する「霞が関」の大罪！
990円 860-2 C

世界の賢人と語る「資本主義の先」
井手壮平
経済成長神話、格差、温暖化、少子化と教育、限界の社会システムをアップデートする！
990円 874-1 C

健診結果の読み方 気にしたほうがいい数値、気にしなくていい項目
永田 宏
血圧、尿酸値は知っていても、HDLやASTの意味が分からない人へ。健診の項目別に解説
990円 875-1 B

なぜ80年代映画は私たちを熱狂させたのか
伊藤彰彦
草刈正雄、松田優作、吉川晃司、高倉健、内田裕也……制作陣が初めて明かすその素顔とは？
1100円 876-1 D

刑事捜査の最前線
甲斐竜一朗
「防カメ」、DNA、汚職から取り調べの今、「トクリュウ」まで。刑事捜査の最前線に迫る
990円 877-1 C

コカ・コーラを日本一売った男の学びの営業日誌
山岡彰彦
Fランク大出身、やる気もないダメ新人が、セールス日本一を達成した机上では学べない知恵
990円 878-1 C

政権変容論
橋下 徹
自民党も野党もNO！ 国民が真に求めているのは、カネにクリーンな政治への「政権変容」だ
1000円 879-1 C

「エブリシング・バブル」リスクの深層 日本経済復活のシナリオ
エミン・ユルマズ 永濱利廣
日本株はどこまで上がるか？ インフレに私たちは耐えられるのか？ 生き抜くための知恵！
990円 880-1 C

なぜ「妻の一言」はカチンとくるのか？ 夫婦関係を改善する「伝え方」教室
岡野あつこ
約4万件の夫婦トラブルを解決した離婚カウンセラーのギスギスしないコミュニケーション術
990円 881-1 A

表示価格はすべて税込価格（税10%）です。価格は変更することがあります